青弓社
91
ライブラリー

ボウリングの社会学

〈スポーツ〉と〈レジャー〉の狭間で

笹生心太

青弓社

ボウリングの社会学

〈スポーツ〉と〈レジャー〉の狭間で

目次

第4章　流行の終息と復活

あとがき

装丁――Malpu Design［清水良洋］

はじめに

二〇二〇年に開催されるオリンピック東京大会で追加される競技の一次選考が一五年六月におこなわれ、野球・ソフトボール、サーフィン、スカッシュ、スポーツクライミング、ローラースポーツ、ボウリング、武術、空手の八競技が選考を通過した。東京で開催される大会の追加競技ということもあり、このニュースは国内で大々的に報道されたが、このなかにボウリングが含まれていることに驚いた人も多かったのではないだろうか。(1)

例えば野球・ソフトボールは学校の体育の授業でおこなわれたりすることから、「スポーツ」としての認知度は高い。その一方で、ボウリングは授業でおこなわれるわけではないし、ほとんど汗もかかずにプレーできるという点で、「スポーツ」というより「レジャー」や「遊び」のイメージを持つ人も多いのではないだろうか。そういう意味で、あのボウリングが、スポーツの祭典であるオリンピックで本当に実施されるのかと不思議に思った人も少なくないだろう。しかし、実はボウリングは日本国内でもっともメジャーな「スポーツ」の一つなのである。

ところで、スポーツとは何か。この点は後述するとして、まずはよくおこなわれるスポーツ種目の統計調査の結果を見てみよう。表1は、文部科学省が二〇一三年に実施した「体力・スポーツに関する世論調査」から、参加率が高い種目を十種挙げたものである。また表2は、笹川スポーツ財

表1　過去1年間の参加率上位10種目

順位	種目	参加率	順位	種目	参加率
1位	ウォーキング（散歩など）	50.8%	6位	ゴルフ	9.3%
2位	体操（ラジオ体操など）	30.8%	6位	テニス、ソフトテニスバドミントン、卓球	9.3%
3位	ボウリング	12.7%	8位	室内運動器具を使ってする運動	8.8%
3位	ランニング（ジョギング）	12.7%	9位	キャッチボールドッジボール	8.0%
5位	水泳	9.4%	10位	登山（クライミングを含む）	6.5%

（出典：文部科学省「体力・スポーツに関する世論調査」2013年〔http://www.mext.go.jp/component/b_menu/other/__icsFiles/afieldfile/2013/08/23/ 1338732_2.pdf〕［2017年9月8日アクセス］）

表2　過去1年間の参加率上位10種目

順位	種目	参加率	順位	種目	参加率
1位	散歩（ぶらぶら歩き）	31.7%	6位	ジョギングランニング	8.9%
2位	ウォーキング	23.5%	7位	水泳	7.4%
3位	体操（ラジオ体操など）	17.0%	7位	釣り	7.4%
4位	筋力トレーニング	13.7%	9位	ゴルフ（コース）	7.0%
5位	ボウリング	9.5%	10位	サイクリング	6.8%

（出典：笹川スポーツ財団『スポーツライフ・データ2016』笹川スポーツ財団、2016年、76ページ）

団が一六年に実施した「スポーツ・ライフに関する調査」における、同趣旨の質問項目に対する回答結果である。これらを見ると、ウォーキングやランニングといった路上で実施する軽スポーツや、体操や筋力トレーニングのようなエクササイズ種目と並んで、ボウリングは高い参加率を誇っていることがわかる。

散歩やウォーキング、体操などに参加する人は身の回りに多く見かける。しかし、ボウリングを定期的におこなっている人はあまり見かけないように思える。こうした漠然としたイメージと調査結果とのギャップは、実は質問の仕方に関係している。これらの調査では、「過去一年間に一度でも参加したことのある種目を答えてください」という聞き方をしている。スポーツを定期的におこなっている人からすれば、年に一回程度の参加を「参加率」に含めるのはおかしいと思うかもしれない。だがそういう聞き方をしている以上、ボウリングは紛れもなく日本でもっとも人気の高いスポーツの一つとして数えられてしまう。

なお、笹川スポーツ財団が二〇一六年に実施した調査結果から、過去一年間の平均参加回数を算出したものが表3である。[2] これを見ると、ボウリングの実施回数は平均約十三・四回と、ほかの種目に比べて非常に少ない。ボウリングより上位に位置する散歩、ウォーキング、体操、筋力トレーニングは平均百回以上実施されていて、これらの数値は、私たちの実感に沿ったものと言える。

このようにボウリングは、「頻繁に参加する人はそれほど多くないにもかかわらず、多くの人が年に数回は参加している」という特徴を持った「国民的スポーツ」といえるだろう。スポーツをしながら仲間と交流するのは、実は思いのほか難しい。ボウリング場はそうした数少ない、運動をし

表3　過去1年間の参加率上位10種目の平均年間参加回数

順位	種目	回数	順位	種目	回数
1位	散歩 (ぶらぶら歩き)	123.7	6位	ジョギング ランニング	94.8
2位	ウォーキング	145.8	7位	水泳	43.8
3位	体操 (ラジオ体操など)	142.3	7位	釣り	18.9
4位	筋力トレーニング	120.0	9位	ゴルフ（コース）	15.5
5位	ボウリング	13.4	10位	サイクリング	71.9

（出典：笹川スポーツ財団「スポーツライフに関する調査2016」データから筆者作成）

ながら社交が可能な施設の一つなのである。

二〇一六年末現在で、日本には七百八十四のボウリング場が存在する。それぞれのボウリング場では、どのような光景が繰り広げられているのだろうか。

二〇一六年の大型連休での一日。複合エンターテインメント施設の最大手であるラウンドワン朝霞店（埼玉県）のボウリング場は、家族連れや友人同士のグループでにぎわっていた。なかでも目立つのは、高校生から大学生くらいの年代のグループで、ストライクやスペアを出すたびにグループ内でハイタッチを交わしていた。彼・彼女らは、ときにおどけながらボールを投げていて、必ずしもいいスコアを出すことが目的ではなさそうだ。また、自身が投球しないあいだは、仲間同士で菓子やファストフードを食べ回しながら歓談していた。彼・彼女らにとって、ボウリングは「スポーツ」というよりも、カラオケやゲームセンターなどと同様に、余暇をすごす「レジャー」の一つであり、その主な目的は、友人との交流にあるように思える。一方、いちばん奥のレーンには、真剣な目つきで投球する中年女性もいた。手にはリスタイ

（グローブ）をはめ、ストライクとスペアを連発している。一人で来店しているらしく、周りの客に比べると、より真剣に「スポーツ」としてのボウリングを楽しんでいるように見受けられた。

図1　ボウリング場の風景（筆者撮影）

次にラウンドワンのような複合型施設ではなく、単独のボウリング場にも目を向けてみよう。単独型ボウリング場では、ボウリングに「スポーツ」として取り組む人がより多くプレーしているのが見受けられる。そしてそのなかには、トップ選手を目指してボウリングをプレーする人もいる。西東京レーン（東京都）という老舗ボウリング場で小学生の頃にプロのレッスンを受けたことがきっかけで、競技としてのボウリングの魅力に取り付かれたという北村恵さんは、小学校の卒業文集に「ボウリングのナショナルチームに入る」と宣言するほどボウリングにのめり込むようになった。その後優秀なコーチに出会い、高校時代の三年間、そのコーチが所属するボウリング場で週に五日の練習を重ねた。そして高校三年生時にはユースナショナルチームの選考会に合格し、二年間、その一員として活動した。さらに大学二年生になった二〇一七年度には、ついに全日本ナショナルチームにまで選ばれるようになった。彼女にとってボウリングは、明らかに「レジャー」ではなく「スポーツ」、しかもこれから人生を賭けて取り組んでいく「スポーツ」である。

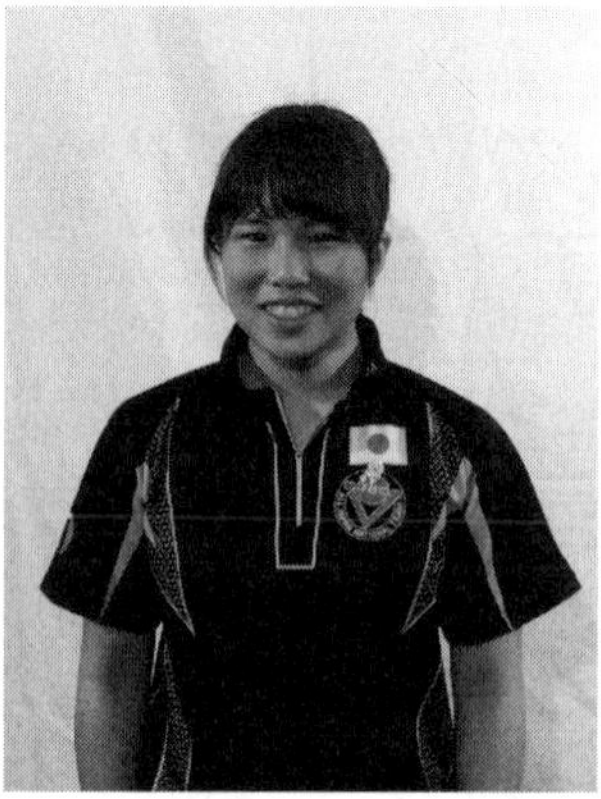

図2　北村恵選手（全日本ボウリング協会撮影）

また、東北の気仙沼さくらボウル（宮城県）に目を移してみよう。このボウリング場は、東日本大震災で壊滅的な打撃を受けた気仙沼市唯一のボウリング場である。震災当日も営業していたが、津波が直撃したことで閉鎖を余儀なくされた。だが、二〇一五年に内陸部に場所を移して再オープンすると、近隣のボウリングファンが詰めかけるようになった。リニューアルした気仙沼さくらボウルにはわずか十四レーンしかなく、一般的なボウリング場に比べて規模が小さい。そして、ボウリングを楽しんでいる客は高齢者が多く、マイボールを持っている人が多い印象だ。

このボウリング場である客に話を聞いてみた。曰く、最近あまりいいスコアが出ないという。その理由は、その前月からレーンで使用するオイルパターンが変わったことにある。熱心なファンでない人にはわかりにくいが、ボウリングのレーンにはオイルが塗ってあり、その塗布されている面積や量によってフック（カーブ）がかかりやすくなったり、ピンに届く際のボールの勢いが大きく変化したりする。そうしたオイルコンディションは競技結果に大きな影響を与える。気仙沼さくらボウルでは、競技志向で取り組む客のためにオイルのパターンを綿密に考えたり、ボールにその人の指に合わせた穴を空けるドリラーと呼ばれるスタッフを常駐させるなど、「レジャー」よりも「スポーツ」としてボウリングを楽しむ人に向けた工夫が多くなされていた。

さらに場所を移し、沖縄県のボウリング場の様子を見てみよう。沖縄県はアメリカ文化の影響が強いこともあり、本土とは異なるボウリング文化が根づいている。沖縄県のボウリング場の特徴は、何と言っても飲酒しながらボウリングを楽しむ人が多いことである。宜野湾市にあるギノワンボウルでは、平日はほぼ毎日二十時から二十四時頃までリーグがおこなわれている。「リーグ」という呼称からは実力者同士の競技会を想像しがちだが、実際はさながら「ボウリングをしながらの飲み会」といった具合だ。図3は、ある日のギノワンボウルのリーグの様子である。このリーグでは四人が一チームになり、一つのボックス（二レーン共通の待合場）には、八人のボウラーが入ることになる。その後ろのカウンターには、八人分の飲み物と食べ物が置かれ、そのなかにはビールや、沖縄県の地酒である泡盛のパックと、それを割る氷まで置かれている。リーグ参加者はみな一フレーム(3)ごとにカウンターに戻り、盛大に飲み食いをしながら談笑し、ときおり仲間の投球を見つめている。こうした娯楽の要素が強い雰囲気のなかでおこなわれるため、スコアは低調なのかと思いきや、ほぼすべての参加者がボールにフックをかけて、見事にストライクやスペアを取っている。最終的なスコアも軒並み百五十以上で、なかにはパーフェクト（三百点満点）に近いスコアをたたき出す人もいるほど、競技としてのレベルはきわめて高い。

ここまで素描してきたように、ボウリングと一口に言っても、様々な「顔」を持っている。早朝

図3　沖縄県のボウリング場におけるリーグの様子（筆者撮影）

のボウリング場では高齢者が汗を流し、夕方には学校帰りの学生が菓子を食べながらボウリングを楽しむ。さらに夜になれば、飲み会帰りの大学生やサラリーマンが楽しそうにボウリングに興じるのだ。あるボウリング場では、仲間同士でボウリングを楽しんでいるグループの横で、スコアを高めるために一人で練習をしている人もいる。また、あるボウリング場では飲食が厳禁であるのに対して、別のボウリング場ではアルコールの持ち込みさえ黙認されている。このように、ボウリングという種目は特定の「顔」を持たない、多様性を内包したものとして日本中に広まり、そしてすでに見たように日本の「国民的スポーツ」の一つとなっている。ボウリングは、実にミステリアスな種目なのである。

　日本に住む人々にとって、ボウリングとはいったい何なのか。そして、なぜこれほどまでに多くの人々の間に広まっていったのか。本書では、スポーツ社会学の視点からこうした謎を追っていくことにしたい。

注

（1）その後の選考でボウリングは落選し、二〇一六年八月の国際オリンピック委員会の総会で、野球・ソフトボール、サーフィン、スポーツクライミング、スケートボード（ローラースポーツ）、空手の五競技十八種目が正式に採用された。

（2）笹川スポーツ財団「スポーツライフに関する調査二〇一六」は、三千人のサンプルに対して、最大五種目まで、頻繁に実施する種目を尋ねている。そのなかでは、種目名に加え、それを年に何回実施したか、どこでおこなったかなどの質問が設定された。ここで示した実施回数は、この結果をもとに算出したものである。なお、これらの数値は参加した人の平均実施回数であって、参加しない人も含めたサンプル全体の平均実施回数ではない。

（3）一投目でストライクを出すか、二球を投げ終わること。

第1章　ボウリングはどのように広まったか

はじめに、日本でのボウリング人気の背景やその歴史について見ていく。すでに述べたように、ボウリングは日本を代表するスポーツの一つになっているが、それはなぜ可能になったのだろうか。本章の最後で、それについての仮説を提示する。

1　日本におけるボウリングの歴史

日本に住む者にとって、ボウリングとはどのような存在なのだろうか。まずはスポーツに関連する世論調査の結果から、ボウリングの参加率の推移を見てみたい。図4を見ると、参加率は激しく上下してきたことがわかる。のちに述べるように、一九六〇年代半ばから七〇年代初頭にかけて、日本では大規模なボウリングブームが起こる。七二年には二七・五％の人が過去一年間に一度はボ

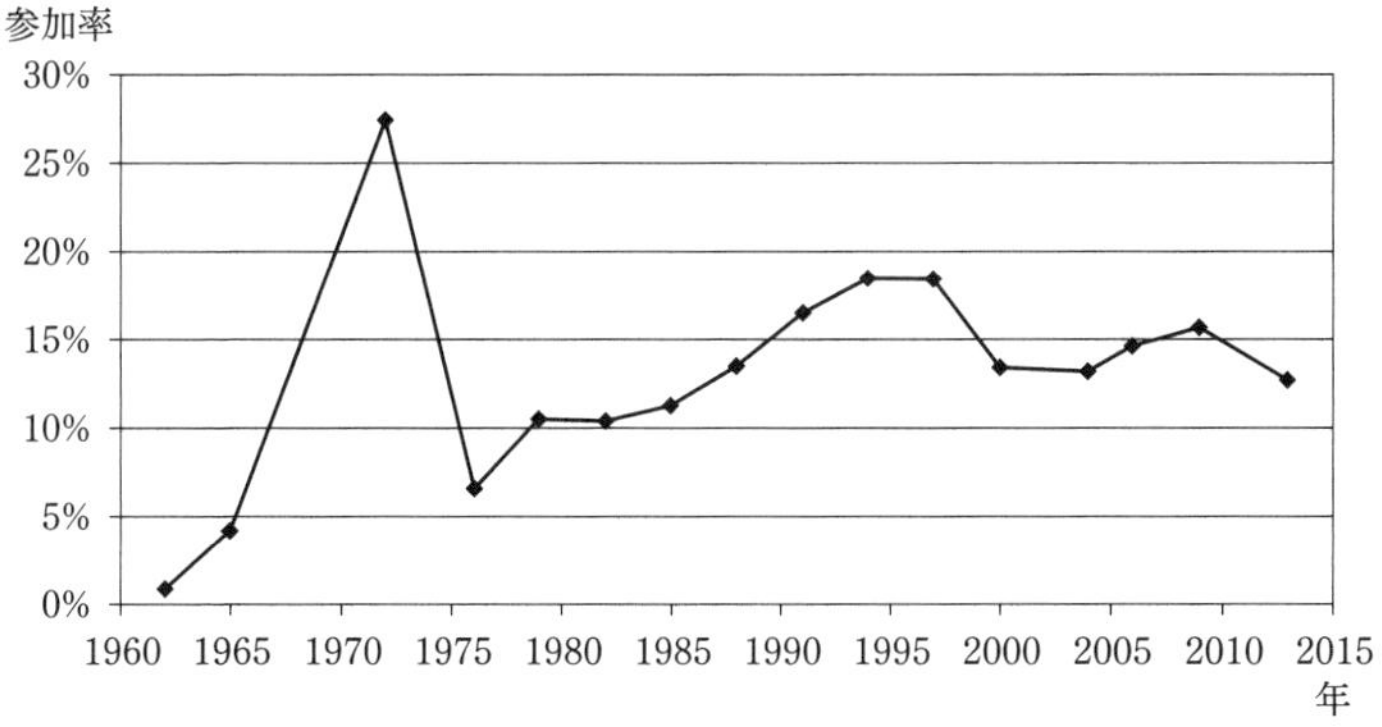

図4　過去1年間のボウリング参加率の推移
（出典：「スポーツに関する世論調査」、「体力・スポーツに関する世論調査」各年の結果から筆者作成）

ウリングをプレーしていたという数字が出ている。その後、人気は衰えるものの、九〇年代半ばにかけて再び参加率は上昇に転じている。だが、それ以降はやや低調に推移している。

一九八二年以降に限定されるが、より詳細なデータを見てみよう。図5は、『レジャー白書』から算出したボウリング人口の推移である。[1] これを見ると、前述の図4とやや異なる傾向が見られる。図4では、九〇年代後半に落ち込んだあと、二〇〇〇年代後半に一度回復傾向を見せていたが、図5では、〇〇年代に入ってほぼ一直線に参加人口が減少している。特に近年のボウリング人口の減少は著しく、最新の一五年には、この期間における最盛期だった一九九〇年代半ばの三分の一程度にまで落ち込んでいる。

なお、日本でいうところのいわゆるボウリングは、世界的にはテンピンボウリング（Ten-pin Bowling）と呼ばれている。[2] 日本は世界第二位のボウリング人口を持つと言われるが、一位はアメリカで、日本のボウリングはア

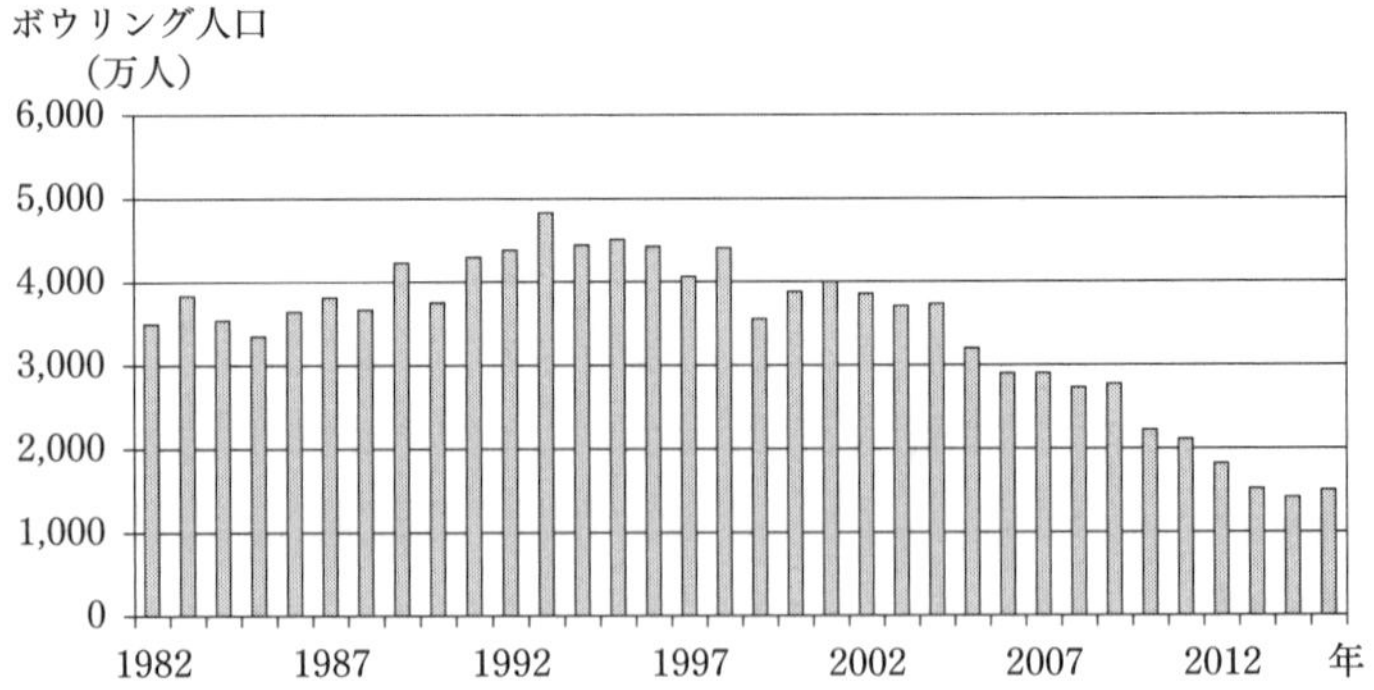

図5　ボウリング人口の推移
（出典：『レジャー白書』各年結果から筆者作成）

メリカから伝わったものである。ボウリング人口が多い国はほかに韓国、台湾、シンガポール、マレーシアといった東アジアや東南アジアの国や地域であり、近年ではスウェーデンなどでも人気が出始めている。ただし、二〇一七年現在、世界ボウリング連盟（World Bowling）に加盟しているのは百十一の国と地域にすぎない[3]。二〇年のオリンピック東京大会の正式競技に最終的には選ばれなかったことからもわかるように、ほかの競技と比べてボウリングはまだ世界的にみて普及の途上にある。日本は、ボウリングが広く普及した数少ない国の一つなのだ。

次に、ボウリング参加人口ではなく、ボウリング場数の推移を見てみよう。図6は、一九六〇年以降のボウリング場数の推移を示したものである。六〇年代前半には、ボウリング場はほとんど存在しなかったが、六〇年代半ばから急激にその数を増やし、最盛期の七二年には全国に三千六百九十七センター（十二万千二十一レーン）を数えた。その後、七〇年代半ばにかけて急激に減少したものの、八〇年代から次第に安定していく。その後、九〇年代初頭に一

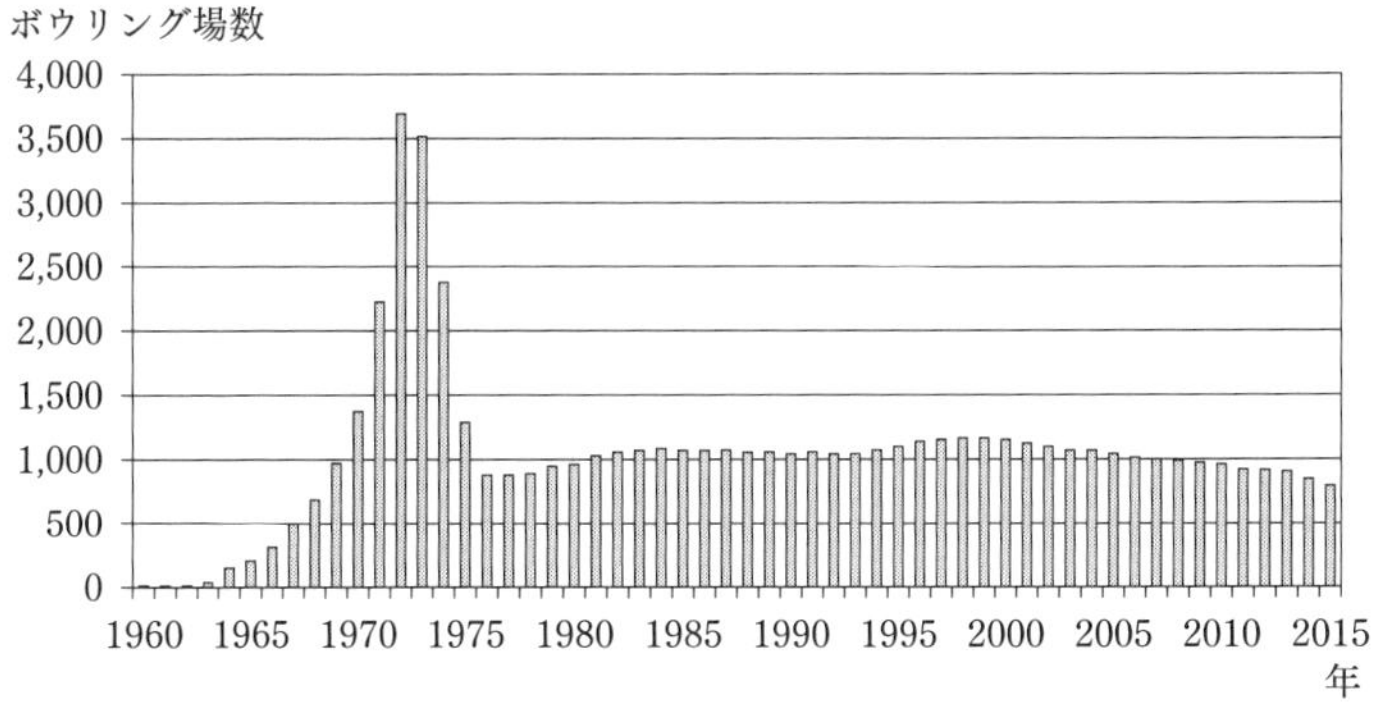

図6　ボウリング場数の推移
(出典：日本ボウリング場協会「年別全国センター数・レーン数の推移」から筆者作成)

度減少傾向を見せるが、九〇年代後半に再びボウリング場が増加する。しかし、それ以降は減少の一途をたどり、二〇一六年末時点では全国で七百八十四となっている。この数は、一九七〇年代初頭に急激にボウリング場が倒産していった頃の数字と同等である。

以上、手短に日本のボウリング人口とボウリング場数の推移を見てきた。日本のボウリングは、一九六〇年代半ばから七〇年代初頭に大流行し、参加人口、ボウリング場数ともに急激に増加したが、その流行は長くは続かなかった。その後、九〇年代半ばから後半にかけて、参加人口、ボウリング場数ともに増加していったが、それ以降徐々に減少しつつある。

次に、このようにボウリングが広まっていった過程にはどのような出来事があったのかを見ていこう。

ボウリングブーム前夜

日本のボウリングの歴史(4)は、現在確認できる範囲では一八六一年にまでさかのぼることができる。幕末期、長崎出島近くの外国人居留地で発行されていた *The Nagasaki Shipping List and Advertiser* という英字新聞に、ボウリングレーン付きの社交サロンが六一年六月二十二日に新装開店されるという九行の広告が掲載されている。これは、オランダ人が出島にナインピンボウリング(5)を持ち込んだものとされる。

とはいえ、大衆にボウリングが広まるまでには、そこから百年近くの時間がかかった。第二次世界大戦後、アメリカ軍基地内でボウリングが楽しまれるようになる。敗戦後一年足らずで、日本各地にある二十数カ所のアメリカ軍基地内にボウリング場が建設され、敗戦後わずか二年あまりで計四百レーンにまで急増した。なお、レーンはすべてアメリカ国内で生産されたものを三つに分割し、十レーンずつ大型軍用輸送機に積み込んでピストン方式で日本に空輸されていた。

一方、ボウリングを楽しむアメリカ兵たちのそばでは、日本人が従業員として場内で働いていた。当時のレーンは、現在のように機械が自動でピンをセットするのではなく、ピンボーイと呼ばれる従業員がすべて手動でピンを直していた。従業員のなかには、レーンのメンテナンスや研磨、競技会の運営方法なども覚えていき、のちに国産ボウリング場を経営していく者が現れるようになる。当時のアメリカ軍基地は、日本人に向けてハンバーガーやコーラなど未知の飲食物や文化を紹介する場所でもあった。そのなかで、アメリカ発の種目として紹介されたボウリングは、当時の若者たちにとって憧れの対象になっていった。

一九五〇年頃になると、民間のボウリング場建設の気運が高まっていった。それはアメリカへの憧れの高まりの結果でもあり、また外交官や商社マンなど、実際にアメリカに渡ってボウリングの魅力を吸収してきた人々が増加したことも関係している。こうしてアメリカでのボウリング場のあり方を学んできた人物のなかに、増泉辰次がいた。彼は日本各地のアメリカ軍基地を訪問してボウリング場を視察しながら、日本人従業員のなかで優秀なスタッフをリストアップし、初の民間ボウリング場の建設を目指して準備を進めていく。その第一歩として、一九四九年にボウリング場の建設・営業を定款に入れた株式会社日本ボウリングが設立された。

当時はまだボウリングに対して否定的な意見も多かったため、ボウリング設備の輸入許可を得るにも権力者のお墨付きが必要だった。増泉は、GHQ（連合国軍総司令部）と大蔵省に対して、アメリカのハリー・S・トルーマン大統領もボウリングの大ファンで、自宅にレーンがあることや、アメリカでは多くの学校で体育の正課になっていることなどのエピソードを交えて輸入許可の請願をおこなった。また、増泉とともにボウリング場を建設しようとした加藤義秀は、ボウリングは文部省が進めようとしている教育改革の方針に合致したスポーツだと繰り返し強調し、請願を後押しした。その甲斐あってか、文部省から「ボウリングは青少年のためにすばらしい効用のあるスポーツとして認める」という推薦文を得ることに成功し、ついに通商産業省から輸入許可を得るにいたるのである。

こうして一九五二年十二月、東京都・青山の旧学習院戦災地跡に東京ボウリングセンターが設立され、この施設が日本で初の民間ボウリング場になった。開場式のパーティーには高松宮（日本ボウリングクラブ名誉会長）も参列し、当時まだ珍しかったコーラやハンバーガー、ホットドッグなどが販売されるなど、非常に華やかなムードのなかでの門出となった。同ボウリング場は中流以上のサラリーマンをターゲットにし、原則としてメンバー制を採用した。開場前から日本ボウリングクラブという会員制クラブを設置し、その会員を募集した。入会金は、個人は臨時会員として一万円、額面十万円以上の株主は入会金と年会費は不要と定め、会員の同伴の来場者からは入場料五十円を別途徴収する方針を取った。そのため、正門入り口には映画館のような小さな貸し靴券付きの切符販売窓口が設けられた。

だが、東京都内での平均映画観覧料が約九十一円(6)だったこの時期に、前述のような値段設定は非常に高価で、思ったようには会員が集まらず、全会員の三分の二を臨時会員が占めるという事態になった。その後は赤字が続き、開業翌年の一九五三年には経営権を第一ホテルに委譲することになる。

また、同じ一九五三年には学生ボウリング連盟が設立される。五七年には国内初の日本人ボウラーによるパーフェクトが達成されたほか、アメリカのナンバーワンチームであるセントルイスバドワイザーが日本チームと親善試合をおこなうなど、日本のボウリング界の船出は華々しいものだった。だが、爆発的な流行現象が起こるのは、それよりあとのことである。

流行期のボウリング

ボウリング界の大きな転換点になったのは、一九六一年の自動式ピンセッター(ピンスポッター)(7)の導入だった。従来のゲームでは、プレイヤーがボールを投げて飛び散ったピンは、ピンボーイと呼ばれるアルバイトの学生たちが手作業で回収し、再びピンを定位置に戻すということをおこ

図7　現在の自動式ピンセッター（筆者撮影）

なっていた。ピンボーイのなかからは、プロボウラー第一期生の岩上太郎など、のちの名選手も生まれることになるのだが、ピンボーイの仕事は過酷であり、そのうえ人件費と作業効率の点でボウリング場の経営を圧迫する存在にさえなってしまっていた。さらに、ピンを回収しているうちにボールが飛んできて骨折してしまう者もいた(8)ように、ピンボーイの仕事は非常に危険でもあった。だがこれらの問題は、倒れたピンを自動で再セットする自動式ピンセッターの導入で解消されるようになる。

当時、アメリカの二大ボウリング機械メーカーだったブランズウィックとAMFの二社は、それぞれ三井物産、伊藤忠商事と提携して、日本でシェアを拡大させようと画策していた。両社は、一九六一年四月におこなわれた第四回東京国際見本市で完全自動ボウリングレーンを展示し、国内外から名ボウラーを集め、デモンストレーションをおこなっている。その様子は、「精巧な自動機械の見事な動きと、美しいレーンを走るボールとピンの炸裂音は、会場を訪れる人々の心を魅了してしまった。全国から会場を訪れた大小の企業家たちは、初めてみるこの華麗で規模の大きい、新しいレジャースポーツの出現に全く圧倒されたような形で、熱心に見入り、調査し、企画を進めていった[9]」と当時の資料に記載されるなど、ボウリング場経営を考える企業家たちに強い印象を与えた。

これを受けて、同年六月には国内で初めて東京都文京区にある後楽園が自動式ピンセッターを導入した。東京都内での平均映画観覧料が約百三十四円[10]だったこの時期に、一ゲーム二百五十円という自動式ゆえの高価格が設定されたものの、連日二、三時間待ちの盛況だった。この後楽園での成功にならい、近畿日本鉄道や鐘紡などの大手企業が続々とボウリング場建設に着手していき、その建設ラッシュが始まるのである。各ボウリング場ではピンボーイを集める必要がなくなり、ピンボーイ時代よりも正確に、そして効率的にゲーム数を上げることができるようになった。このことが、ボウリング場産業がのちに「百年に一度の儲かる事業」とまで言われるようになる大きな要因だった。翌一九六二年の頃には、東京都内ではすでに規模の大きさと豪華さを競い合う段階へと進んでいく。そして流行のピークである七一年には、このような記事が載るようになる。「昭和二十七年、東京・神宮球場の隣に日本初のボウリング場として誕生した「東京ボウリング・センター《ママ》」の支配人、大石崇義さんはしきりに首をかしげる。「これほどまでに人気がでるとは…」「経営の失敗で閉鎖した例は、一つも聞いていませんな」。ウイークデーの、それも真昼間、四十六レーンはフル回転、いらいらしながら、空席を待つ人々を見ながら、大石さんはこみあげる笑いを懸命にこらえている様子だった[11]」

ボウリング人口は、全国で爆発的に増加していき、そのブームの広がりは、以下の記事でも見られるように、日本のスポーツ史に残るものだった。その様子は、「その遊戯人口は全国で二千万人とも三千万人ともいわれた。そろいのユニフォームを作る職場のグループ、競ってマイボウルを持つ学生、早朝割引の回数券を買って日参する中年……。大人、子供問わず「ダブルだ」「ターキーだ」と、はしゃいだ[12]」などと、当時の日本人の狂騒的な姿として描かれることが多かった。一方で、新聞が流行を煽っている側面もあり、紙面には「ボウリングブーム」の文字が多く躍った（図8）。

図8　流行を伝える当時の新聞紙面
（出典：「朝日新聞」1960年12月11日付）

図9は、流行当時のボウリングの様子を伝えた新聞記事である。そこには「いまやボウリングを語らなければ現代人ではない――といった風潮」とまで書かれていて、ボウリングをするために長蛇の列が作られたという話題にも触れている。また、「午前三時すぎ――池袋のボウリング場前には、開場を待つボウリングバッグを持った若者が列を作っていた。午前四時、開場。若者たちは、われ先に飛び込み、五十レーンはアッというまに埋まった[13]」などと報じる記事があるほど、当時の人々は熱狂的にボウリングにのめり込んでいた。さらには「武蔵野署は十四日までに、ボウリング代欲しさにカーステレオ

読売新聞

過熱する
ボウリングブーム

夫唱婦随組

満員の盛況のボウリング場。予約して投げるまでが大変という

図9　流行を伝える当時の新聞紙面
（出典：「読売新聞」1971年8月17日付）

を盗んだり、盗んだ車でドライブしていた少年六人を盗みの疑いで補導した。（略）また、カーステレオ六台、カメラ三台などおよそ六十点、百五十万円相当を入質してボウリング代にあてていた[14]」という犯罪が起きたり、「早朝ボウリングに集った八十人が開店と同時に入口に殺到、硬質ガラスのドアが割れ、前列に並んでいた母子連れなど九人がひたいや手足に十日から一週間のけがをした[15]」など、負傷者まで出る騒ぎになっていたという。ボウリングはまさに社会現象になっていた。

　当時のボウリングは、ファッション性が高いものとして理解されていた。図10は、当時の衣料メーカーの新聞広告だが、そこにはボウリングルックというコピーが記されている。このころは、ボウリング独特のファッションを着こなすことがおしゃれだったのである。また、この広告では二百万人のボウリングファンがいるとも記されていて、老若男女あらゆる人々の姿が描かれている。当時の流行は全国民的なものだったことがこの広告からうかがえる。

また、中山律子や須田開代子などの女性プロボウラーを中心としたボウリング関連のテレビ番組も多く製作されるようになり、いずれも高視聴率をたたき出していた。一九七一年には九本、七二年には十本もの関連番組が放送されており[16]、そのうちの多くは女性プロボウラーが中心となる番組が占めていた。七〇年当時、女性プロボウラーの月収は五十万円以上と言われ[17]、女性にとってあこがれの職業だった。このような女性プロボウラーに対する人気ともあいまって、日本中にボウリングが浸透していった。

図10　当時のボウリングファッションの広告
(出典：「朝日新聞」1964年1月29日付)

表4は、当時のスポーツ市場規模の推移を、チーム競技スポーツ、山岳・海洋性スポーツ、スポーツ服、スポーツ観賞、個人競技スポーツの五種に分け、個人競技スポーツ内に分類されるボウリングの市場規模を別途示したものである。これを見ると、まず当時のスポーツ市場規模では個人競技スポーツが占める割合が圧倒的に大きかったことがわかる。ボウリングについて見てみると、流行のピーク

表4　スポーツ市場規模の推移（単位：100万円）

	1965年	1970年	1975年
チーム競技スポーツ	8,363	17,002	30,618
山岳・海洋性スポーツ	10,889	25,727	40,481
スポーツ服	14,765	36,477	80,235
スポーツ観賞	4,386	7,237	15,172
個人競技スポーツ	68,133	298,063	362,415
ボウリング	19,240	185,720	48,323
合計	106,536	384,506	528,921

（出典：『余暇関連産業に関する調査研究』1985年版〔余暇開発センター〕62―63ページから抜粋）

だった一九七〇年代初頭には約千九百億円の市場規模を有している。この時期のスポーツ市場は全体で約三千八百億円であることから、ボウリング市場はその約半分を占めていたことになる。単一の種目がスポーツ市場全体の約半分にまで達する現象は、どの年代を見てもほかに例がない。このようにボウリングブームは、日本スポーツ史に残る強烈なインパクトを持っていたと言える。

図11は、流行期におけるボウリングレーン数と、全国の年間総ゲーム数の推移を示したものである。ボウリングレーン数のピークは一九七二年で、全国に十二万千二十一も設置されていた。また、ここには含まれていないが、例えばホテルのアトラクションなどで設置される簡易型レーンも多く存在していた。当時の日本の人口に対しての適正レーン数は三万[18]とも六万[19]とも言われていて、七二年には十二万以上もあったというそのレーン数は大幅な過剰供給の状態だった。また総ゲーム数に着目すると、六三年には約三千万ゲームだったが、流行のピークの七二年には約二十億ゲームにまで伸びていた。

一方、ボウリング場が過剰に建設されるにつれて、ボウリングに対して否定的な意見も出てくるようになった。特に、深夜営業をおこなっているボウリング場は少年非行の温床などと言われた。

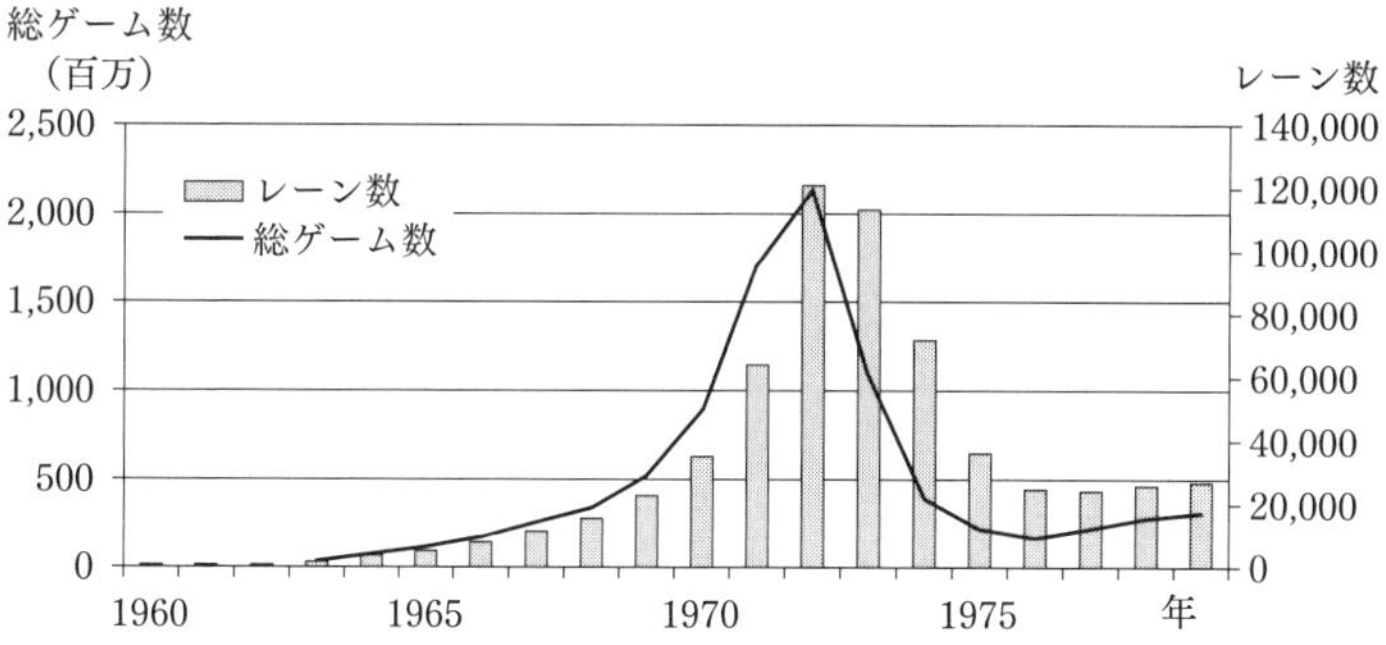

図11　ボウリングレーン数と全国総ゲーム数の推移
（出典：レーン数は前掲「年別全国センター数・レーン数の推移」から、ゲーム数は『レジャー白書』1980年版〔余暇開発センター〕162ページから抜粋し、筆者作成）

例えば当時の新聞の投書欄には、「ボウリング場の営業時間が制限されていないことや、小、中、高校生も自由に出入りできるため、一日中ここで過ごす児童、生徒がふえ、それがグループを作り、非行に走っている[20]」といった意見も見られた。また、スコアに応じて賞品を提供するボウリング場などでは、安易に人々の射幸心を煽る恐れがあるとされ、のちに見るような風俗営業等取締法（以下、風営法と略記）違反の疑いをかけられるようになった。さらに、新聞紙上に「レジャーの奇形児 ボウリング狂青年自殺[21]」「ママ、ボウリングに夢中 退屈坊や転落死[22]」「徹底抗戦 許せぬボウリング場建設 ついに法廷闘争へ[23]」といった記事が掲載され、ボウリング関連の事件や事故が大々的に報道されるようになった。

やがて、一九七二年をピークとして、急坂を転がるようにボウリングブームは終息していく。ボウリング場が増え過ぎたことによる過当競争に加えて、七三年末に発生したオイルショックの影響もあり、大衆の消費力が低下したこともその大きな要因になった。図11を見ると、

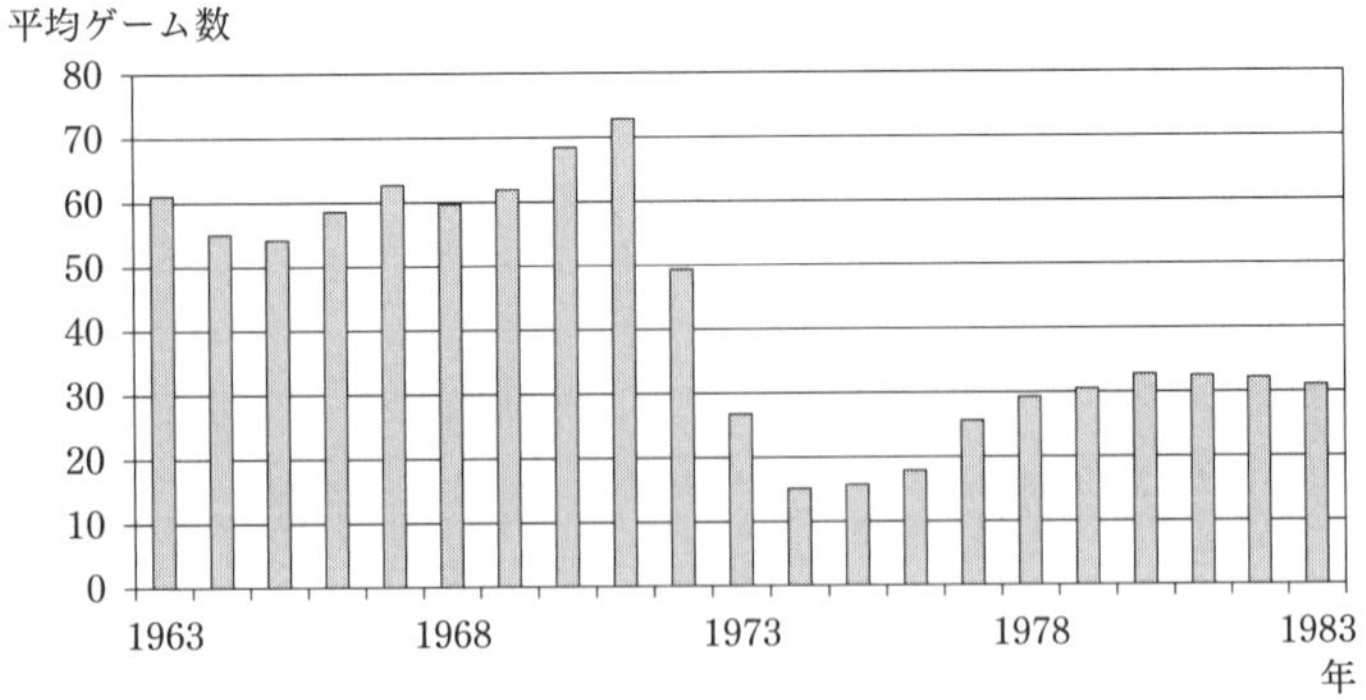

図12　1レーン当たりの1日平均ゲーム数
（出典：「月刊レジャー産業資料」第192号、綜合ユニコム、1984年、95ページ）

七六年の全国総ゲーム数は一億六千万ゲームにまで落ち込んでいる。そして新聞紙上には、「秋風吹くボウリング場人影さっぱり　つくり過ぎて[24]」「ボウリング用機械八割減産[25]」「ボウリング場休廃業が続出[26]」「赤字続きで次々と閉店ボウリング没落[27]」といった見出しが並び、ブームの終息は広く国民の間に浸透していった。

流行後のボウリング

一九七〇年代後半から、徐々にボウリング場数は下げ止まり、次第にその数は回復していった。また新聞紙上でも、「ボウリング場　春ふたたび[28]」「帰ってきたボウリング[29]」といった見出しが見られるようになった。図12は、六三年から八三年にかけての、全国のボウリング場一レーン当たりの一日平均ゲーム数の推移である。これを見ると、流行期のゲーム数は段違いに多いが、八〇年代に入ると比較的安定したゲーム数を維持できていることがわかる。

一九九〇年代に入ると流行期に建設したボウリング場が次第に老朽化して、各ボウリング場経営者は別の施設に建て替えるか、設備を一新してボウリング場として経営を続けるかの判断を迫られるようになった。もっとも多かったのは、郊外のボウリング場が、ボウリング設備を中心にしながらも、ほかの施設も備えた複合型施設として再スタートしたケースである。具体的にはプールや卓球などのスポーツ施設や、パチンコやカラオケなどの遊戯施設を選択するボウリング場が多かった。またショッピングセンターにボウリング場が併設されるケースも多かった。このように、かつてのようなボウリング単独型の施設は減少し、複合型が増加していった。

こうした複合型ボウリング場として有名なのがラウンドワンである。同社は一九九〇年代後半にボウリング場経営企業として初めて上場し、ボウリングを中心にした総合レジャー施設を次々と建設した。二〇一七年七月時点で、全国に百七のボウリング場を整備するまでに拡大し、ボウリングの本場であるアメリカにも十五の店舗を構えている。同社は積極的にテレビコマーシャルを放映しており、現在日本でもっとも有名なボウリング場と言えるだろう。

2　ボウリングはなぜ広まったのか

以上、駆け足で日本のボウリングの歴史を振り返ってきた。その過程で注目すべき点は二つある。一つ目は、一九六〇年代半ばから七〇年代初頭に、なぜスポーツ史に残るほどの大々的な流行を引き起こすことができたのか、という点である。そして二つ目は、その流行が過ぎたあとにも、なぜしぶとく生き残り、再び多くの人々に受け入れられるようになったのか、という点である。本書では、この二つの点を軸に論を進めていきたい。

ボウリングという種目が広まっていった過程を論じるうえで重要なことは、ボウリングはグラウンドや体育館、空き地などでは基本的にプレーできず、専用の施設が必要だということである。ボウリング場の側から見れば、その時期の流行に応じて多様な目的に利用できる体育館やグラウンドなどと異なり、あくまでボウリングしか提供することのできない利用の幅が狭い施設にならざるをえない。そのため、どうしてもボウリング人気の浮沈によって施設の稼働率が左右されてしまう。また、日本に公共のボウリング場はほとんど存在せず、アメリカ軍基地内のボウリング場を除き、九九%以上が民間の施設である点にも注意したい[30]。こうした民間優位の傾向は、普及当初から現在まで変わらない。したがって、ボウリングの普及は、ボウリング場の経営がどう成り立つかということと密接に関わってきた。総じて不況の時期にはボウリング人気も低迷し、逆に技術革新などによって競技の楽しみが増えれば、業界がこれを前面に打ち出して参加者を増やしたという経緯がある。種目の普及が民間企業の経営に大きく影響されていることは、そのほかの人気スポーツ種目と大きく異なる点と言える。

各ボウリング場の経営が成り立つ、あるいはスポーツ産業・レジャー産業全体のなかでボウリング場産業が確固たる地位を築くために必要だったものは経営戦略である。経営戦略とは何か。本書は経営学の視点からボウリングが広まっていった過程を見るわけではないので、ごく手短に述べておくと、経営戦略とは「自分が将来達成したいと思っている「あるべき姿」を描き、その「あるべき姿」を達成するために自分のもっている経営資源（能力）と自分が適応するべき経営環境（まわりの状況）とを関係づけた地図と計画（シナリオ）」[31]と言える。ここで重要な発想は、自らを環境に適応させるという考え方である。

これから見ていくように、各ボウリング場、あるいはボウリング業界は、この六十年ほどの歴史のなかで様々な社会的・経済的・法的環境の変化に直面してきた。こうした諸環境の変化に対して、ボウリング場は柔軟に自らの立ち位置を変えることで、多様な人々をボウリング場に招き入れることに成功していったというのが、本書の基本的な考えである。つまり、ボウリングという種目は、「ボウリングとはこうあるべきだ」といった芯のようなものを持ってそれを貫いてきたというよりも、諸環境の変化に応じて自らの存在を柔軟に変化させてきたことで、広まっていったと考えられる。

具体的にはスポーツとレジャーという二つのイメージの間を揺れ動き、自らの立場を柔軟に変化させていった点に着目したい[32]。実は日本のボウリングは、その普及の当初から、そもそもスポーツなのかレジャーなのかという重要な問題を抱えながら広まっていった。そして、立場を明確にしたわけではなく、常にその線引きが曖昧な種目として、現在にいたるまで存在し続けている。この事実もほかのスポーツ種目と大きく異なる点であり、こうした柔軟性によってボウリングは日本中に広まることができたと本書では考える。

以下では、そもそもスポーツやレジャーとは何かという点について本書の見方を示す。いずれについても、辞書的な定義に加えて、それぞれの語が日本の社会でどのような意味を与えられてきたのかについても触れる。なぜなら、本書が取り扱うのはボウリングに付与されたスポーツやレジャーのイメージであり、イメージは社会的文脈に依存するからだ。

スポーツとは何か

はじめに、そもそもスポーツとはいったい何かという問題について、本書なりの見方を示したい。スポーツ社会学やスポーツ史の領域では、この問題について、いくつかの有名な定義がある。こうした議論でもっとも頻繁に引用されるのは、国際スポーツ・体育評議会による「プレイ（遊び）の性格を持ち、自己または他人との競争、あるいは自然の障害との対決を含む運動」という定義である。またアレン・グートマンは、次のようにスポーツの範囲を定めた。[33] プレイ（遊び）は、自発的なものと組織化されたものに分けられ、組織化されたプレイはゲームと呼ばれる。そしてゲームは、競争的なものと競争的でないものに分けられ、競争的なゲームはコンテストと呼ばれる。そしてコンテストには知的なものと身体的なものがあり、身体的なコンテストがスポーツと呼ばれる。グートマンによれば、スポーツとは組織的な、かつ競争的で、身体的な遊びと言える。さらにジェイ・コークリーとピーター・ドネリーは、スポーツ研究者の伝統的定義として「制度化された競争的活動であり、内的／外的報酬を目指して行う、身体的な努力とスキルを伴う活動」[34] を挙げている。

このほかにも、様々な論者が様々な角度からスポーツを定義づけているが、それらの諸定義のなかの要素を最大公約数的に集めると、「組織化され、特定のルールのなかでおこなわれる、遊戯性が中心にある競争的な身体活動」とでもまとめることができるだろう。確かに、これだけではスポーツの定義としては十分ではないかもしれないが、本書が問題としたいのは、スポーツとはいったい何かという根源的な問いではない。ここでスポーツの定義を検討しているのは、ボウリングとは何なのかを考えるために、スポーツがどのようなものとして人々に理解されてきたのかを明確に示しておくためである。よって、こうしたスポーツの定義をごく簡単に理解したうえで、次に、日本でスポーツとはどのようなものとして理解されてきたかを概観したい。

日本におけるスポーツの受容の歴史をひもとくと、教育機関や軍部を経路として、身体訓練の手段として輸入されてきたという経緯がある。幕末に幕府や諸藩は洋式調練を徐々に採用するようになり、その一環として体操[35]を海外から摂取した。その内容は、現在の体操競技に通じる平行棒や木馬跳越などだった。その後の明治政府でも、体力向上を目的として陸軍で体操が採用されたほか、射撃や剣術、乗馬なども取り入れられた。

一方、こうした軍部の経路ではなく、学校教育を経路として普及したスポーツもある。体育科教員の養成のために一八七八年に設置された体操伝習所は、学校体育普及の拠点になった。そこでは、軽体操や戸外遊戯の名目で、ローンテニスや野球などの指導法が教授された。この体操伝習所は、体操の名を冠しながらも幅広くスポーツ種目を扱っていたのである。また八三年には、体操伝習所関係者が東京遊戯会を発足させ、そこでもスポーツが実施された。さらにその二年後には、体操伝習所の教員だった坪井玄道と田中盛業が『戸外遊戯法』（金港堂）を著し、従来の体操にはないスポーツの価値を強調した。

こうした軍部や学校経由でのスポーツ実施という構図は、その後も基本的に大きく変わらなかった。一九二一年に文部省は学校衛生課を再設置し、二八年にはそれが体育課へと発展していった。これらの学校衛生課・体育課が、国民体育の推進の主体になった。また、三一年に満州事変が起こり、軍部が対外侵略を強めると、戦争遂行のために国民の体力向上が必要となった。そうした背景から三八年には厚生省が新設され、国民体力の国家管理を任されることになり、体力章検定などを実施する。厚生省による国民体力養成のなかでも、スポーツが利用された。[36]

このように、主に軍事教練や学校教育の手段として利用されたスポーツは、戦後に入ると軍事色が抜かれ、教育の手段として利用されていった。敗戦直後、文部省のなかに体育局が復活すると、文部省がスポーツに関する政策の中心的機関になっていった。その後のスポーツの歩みを詳細に述べる紙幅はないが、現在でも各学校の運動部活動が青少年の重要なスポーツの場であることや、公共スポーツ施設の多くが各自治体の教育委員会によって管轄されていること、またスポーツ庁が文部科学省の外局として創設されたことなど、過去から今日まで、スポーツと教育が強く結び付いていることは様々な事実からわかる。こうして、スポーツは教育と結び付くことで、人々にとって「真面目なもの」として認識されていった。[37]

以上、日本でのスポーツの普及過程を振り返ってきた。スポーツとはそもそも遊戯性を持った身体運動であるものの、日本では軍部や学校教育の経路を通って普及したという背景があるため、真面目なものとして認識されていると言える。つまり、日本におけるスポーツとは、遊戯性と真面目さという、一見矛盾するような二つの性格が混在した文化として広まっていったのである。

レジャーとは何か

ボウリングが広まり始めた一九六〇年代初頭は、レジャーという言葉が流行した時期でもあった。この時期には、それまでの映画やギャンブルといった静態的なレジャーに加えて、国内旅行やスキー、ゴルフといった動態的なレジャーが広まった。こうした社会的な文脈のなかで登場したボウリングは、この時期に登場した動態的レジャーの代表格の一つとして日本中に広まったという経緯がある。そのため、ボウリングはスポーツではなく、レジャーだという認識も非常に強い。

スポーツと同様に、レジャーもまた、定義をすることが非常に難しい語である。レジャーとは、英語のLeisureがカタカナに置き換えられたものだが、そもそもLeisureの定義が多様であると同時に、それがカタカナに置き換わるとさらに特定の意味合いが含まれるという複雑性がある。

まず、英語のLeisureという語には、大きく分けて三種類の定義があると言われる。それは、「強制されているという感じの、もっとも少ない時間であり、任意の、つまり自分自身の判断や選択によって使用されるような時間[38]」という時間的定義、「個人が職場や家庭、社会から課せられた義務から解放されたときに、休息のため、気晴らしのため、あるいは利得とは無関係な知識や能力の養成、自発的な社会的参加、自由な創造力の発揮のために、まったく随意に行う活動の総体[39]」という活動的定義、「休憩時間、自由時間、週末、休暇、などは外的な事実です。ところが、「余暇」はそうしたものといっしょに「そこにある」とはいえないのです。それというのも、「余暇」は人間の在り方、精神の状態だからです[40]」という価値的定義（心理的定義）である。つまり、Leisureとは何かと問われたときに、それは自由な時間だと答える場合と、自由な時間におこなう活動だと答える場合と、解放された精神の状態だと答える場合と、三種類の回答がありうるということである。このようにLeisureという語は、その意味するところがまったく異なる三つの次元を指すために、きわめて曖昧な語となっている。ただし、そのいずれの定義にも、中心的価値に遊戯性がある。この点で、スポーツと共通性を有していると言えるだろう。なお、価値的定義は、その実態をどのように把握するのかという部分に曖昧さを残すことから、社会学的研究では時間的定義と活動的定義が用いられることが多い。

日本では、「余暇活動」と「余暇時間」という語が日常的に用いられることからもわかるように、このLeisureを日本語に訳したときには、カタカナの「レジャー」よりも「余暇」のほうがよりよく適合する。小澤考人は、戦前から現在にかけて日本の余暇に関連する諸問題が、娯楽、厚生、レクリエーション、レジャーと変遷したと述べるが[41]、このようにカタカナのレジャーという語は、余暇のサブカテゴリーとして取り扱われることが多い。さらに、「レジャー活動」という言い方はあるが、「レジャー時間」という言い方はあまり多く用いられないことからもわかるように、とりわけ活動的な意味で理解されることが多い。

それでは、Leisureをレジャーとカタカナで表記した場合には、どのような意味合いが含まれるのだろうか。この語が流行した一九六〇年代当時のレジャーとしては、映画、パチンコ、旅行、ドライブといった活動が盛んになったが、これらに共通する特徴は、従来の余暇活動に比べて、高額な参加費用が必要になったことである。実際、可処分所得額の上昇を背景として、当時の人々はレジャーに多額の金銭を費やすようになっていった。こうした実態に対して、当時の政策側は、レジャーの消費性を問題視した政策文書をいくつか発表した。経済企画庁余暇開発室は、七三年に『余暇社会への構図』[42]という政策文書を作成したが、そこでは今後の余暇政策の方向性の一つとして、「商業レジャーの拡大に対する適切な誘導と調整」を挙げていた。また、国民生活審議会消費者保護部会も『レジャーへの提言』[43]という文書を公表したが、その副題が「消費者保護の立場から」だったことからも、当時のレジャーが金銭消費と深く結び付いていたことがわかる。人々がレジャーに熱狂して、大量の金銭を消費している様子は、一種の社会問題として当時認識されていたのである。

このように、レジャーという語が普及した一九六〇年代以降、実態として人々が金銭消費的な余暇活動に参加するようになり、そのことが言葉としてのレジャーに金銭消費的な意味合いを付与するようになったと言える。また、この背景の一つには、英語の Leisure Class が有閑階級、すなわち特権階級を意味することも関係していた。つまりレジャーという語の響きのなかには、限られた人々しか享受できない贅沢なものという意味合いが込められているのである。

以上のように、Leisure ＝余暇とは中心に遊戯性があり、その点でスポーツと共通性を有している。そしてカタカナのレジャーとは、そのなかでも特に金銭消費的な意味合いが強い余暇活動と認識されてきた。

ボウリングが抱えた二つのイメージ

ここまで、スポーツとレジャーの語の持つ意味合いについてポイントを絞って見てきた。そこで、ボウリングに話を戻そう。ボウリングは、組織化されたルールのもとでプレーされ、より高い記録を目指して競争する、だからスポーツだと言えるだろうか。反対に、多くの人々が、それなりに高額な金銭を支払い、仲間との交流を楽しみながらプレーするからという理由で、レジャーと言えるだろうか。あるいは、「体力・スポーツに関する世論調査」のなかに含まれているからスポーツである、『レジャー白書』の調査項目のなかに含まれているからレジャーである、と言えるだろうか。この線引きは難しい。これまで見てきたように、ボウリングは両者の境界線上にあるものとして広く認知されていて、ボウリングがスポーツなのかレジャーなのかを厳密に定義づけることは困難だ。むしろ、どちらかに区分けするような作業に大きな意味はないだろう。

本書では、こうした議論をするのではなく、ボウリングが柔軟にスポーツやレジャーの「顔」を使い分けることで現在まで生き延び、様々な人々に受け入れられていったという立場をとる。換言すれば、ボウリングに付与されたスポーツやレジャーのイメージを見ていくということである。以下では、イメージとしてのスポーツらしさやレジャーらしさを、それぞれ〈スポーツ〉〈レジャー〉と表記して、ボウリングが〈スポーツ〉と〈レジャー〉の間を揺れ動きながら広まった様子を見ていくことにする。

それでは、〈スポーツ〉や〈レジャー〉のイメージはどのようなところからもたらされるのだろうか。ここまで見てきたスポーツやレジャーの語が持つ意味合いに沿って、ごく緩やかに、これまでのボウリング業界がボウリングという種目に対して与えてきた特徴的性質を整理したい。スポーツもレジャーも、その中心的価値に遊戯性が存在するが、すでに見てきたように、日本におけるスポーツはこうした遊戯性を覆い隠すように、形式を重んじ、精神性も重視するような真面目なものとして発展してきた。それに対して、レジャーは遊戯性を前面に打ち出し、人々の金銭消費を煽ってきた。見方を変えると、スポーツとは、競技それ自体にある遊戯性を高く見積もり、競技の外にある遊戯性を覆い隠そうとするものと言える一方、レジャーとは競技そのものよりも、その外部にあるもの、例えば飲食やゲーム機で遊ぶことなども含めたトータルな面での遊戯性を生み出そうとするものと言える。本書では、ボウリングの〈スポーツ〉イメージとは、競技のなかの遊戯性を高く見積もって競技外の遊戯性を抑制するもの、一方の〈レジャー〉イメージは、競技の外に積極的に遊戯性を付与するものという理解に立ち、論を進めていきたい。なお、この見立てはあくまでボウリング業界が実際におこなってきた諸施策から経験的に導き出したものであり、ほかの種目に対しても適用できる考え方とまでは必ずしも言えない。

ボウリングはなぜ、〈スポーツ〉や〈レジャー〉といったイメージを使い分けなければならなかったのか。また、それはどのようにして可能になったのか。本書では、主にその時期ごとの社会状況、ボウリング場の経営やボウリングへの参加者、そしてボウリング業界の動向という視点から、ボウリングが普及していった歴史をひもといていく。なかでもボウリング業界の動向については、とりわけ流行期のボウリングを分析するうえで重要である。なぜなら、ボウリングの普及、特に流行期の普及において、ボウリング関連団体が強い影響力を持っていたからである。この視点は、本書が独自に注目したものである。

すでに述べたように、日本のボウリングの歴史は古くは幕末期までさかのぼることができる。しかし多くの人々にとってボウリングが身近な存在になったのは、一九六〇年代以降のことである。したがって、六〇年代以降のボウリングの普及について、特にそれが〈スポーツ〉や〈レジャー〉といったイメージとどう関わりながら広まっていったのかについてこれから論じていきたい。

なお、一般的に「ボウリング」という表記と「ボーリング」という表記が存在する。現在の各団体は「ボウリング」を表記名として採用しているため、本書でもこの表記に統一して使用する。ただし、引用した新聞記事内などに「ボーリング」表記が見られるが、これはすべて引用元の表現を踏襲したものである。

3　本書の構成

本書の構成は、ボウリングの普及の歴史的な流れを説明する第2章から第4章と、ボウリングの現代的な状況を論じる第5章に大きく分けられる。

第2章と第3章では、一九六〇年代半ばから七〇年代初頭の流行期にあったボウリングの状況について説明する。第2章では、どのような人々がボウリングに参加していたのかを概観したあと、当時の社会的背景、ボウリング場の経営、そしてボウリングという種目が持っていた性格について説明する。第3章では、ボウリングが人々に受け入れられていく具体的なプロセスについて、当時のボウリング関連団体の動向に着目して分析する。そこでは、流行期でのボウリングが〈スポーツ〉と〈レジャー〉のイメージの間を揺れ動いた様子が見て取れるだろう。

第4章では、流行期以降のボウリングの状況を説明する。具体的には、流行の終息期（—一九七〇年代半ば）、ボウリング人気の復活期（—一九八〇年代半ば）、ボウリング人気の安定期（—一九九〇年代後半）の三期に分け、それぞれの時期の社会的背景、ボウリング場の経営、そして関連団体の動向などの視点から考察する。そして、全国のボウリング場が〈スポーツ〉志向のものと〈レジャー〉志向のものとに次第に分かれていったことを示す。

第5章では、現在のボウリング場の状況について、特に経営の実態と参加者の動向に絞って見ていく。具体的には、典型的な〈スポーツ〉イメージのボウリング場と〈レジャー〉イメージのボウリング場、そしてそれらのハイブリッドとも言えるような独自の発展を遂げた沖縄県のボウリング場の、三種の実態をまとめる。

ボウリングがその時期ごとに有していたイメージに着目することで、なぜボウリングが日本中に広く浸透することができたのかという謎を解いていく。

4　研究の方法

本書では、第2章から第4章でボウリングの歴史的変遷について述べ、第5章で現在のボウリングの実態を明らかにする。こうした性格の違いから、第4章までと第5章では研究の方法が異なる。

第4章までは、それぞれの時期の社会背景に加えて、ボウリング参加者、ボウリング場経営者、そして関連団体という三つの主体に着目する。だが、流行期にはボウリング場経営に関する詳しい資料がなく、反対に流行期以降には関連団体の動向に関する詳しい資料がないという資料的限界があるため、これら三つの主体への視点の置き方が章によってやや異なる。すなわち、分析の視点を一元的に統一する以上に、ボウリングが広まっていった状況をできるかぎり立体的に捉えることを優先し、様々な資料に当たるよう心がけた。具体的な資料の概要は、次のとおりである。

ボウリング参加者の動向についての基本的な資料として、スポーツに関連する世論調査[44]におけるボウリング参加率の動向を見た。また、人々のボウリングへの参加の様子を質的に理解する資料としては、新聞記事、ボウリング関連雑誌、そしてボウリングに関する諸研究を適宜利用した。

ボウリング場経営に関する資料としては、ボウリング関連雑誌や経営に関する先行研究に加えて、『余暇産業に関する調査研究[45]』や、経済産業省がまとめた「特定サービス産業動態統計調査[46]」などの統計資料、そしてレジャー産業の業界誌である「レジャー産業資料」「月刊レジャー産業資料[47]」

などを参考にした。さらに、大手ボウリング場であるラウンドワンの事業性を調べるために、シェアードリサーチ社によるラウンドワンのリサーチレポート[48]も参考とした。

関連団体の動向を分析するための資料としては、日本ボウリング振興協議会の『日本におけるボウリング三十年の歩み　資料編』（以下、『三十年の歩み』と略記）を中心的資料として用いた。これは、日本にボウリングが輸入されて以来の歴史が記されたもので、主にボウリング関連団体の視点から記述されている。[49]また、この資料に続いて編集された「一九八三～二〇〇二の二十年間のボウリング情報／予備調査・フレームづくり」（以下、「二十年間のボウリング情報」と略記）というデータを日本ボウリング振興協議会から譲り受け、これも利用した。[50]

さらに、主に流行期の動向について、前述の三つの立場から調査・分析の裏づけを取り、不明だった事実を補うために、日本ボウリング場協会のＳ氏とＯ氏、全日本ボウリング協会のＡ氏に対する調査をおこなうことで、より詳細に当時の状況を明らかにした。[51]

第５章では、現在のボウリング場の状況を描写する。そのために、〈スポーツ〉イメージのボウリング場、〈レジャー〉イメージのボウリング場、そしてそれらのハイブリッドである沖縄県のボウリング場の三種の施設について、観察法による調査をおこなったほか、聞き取り調査も適宜おこなった。その詳細については、第５章であらためて記述する。

注

（1）『レジャー白書』では、各レジャー種目への参加率が示されている。その割合をもとに、総務省統計局による「人口推計」（[http://www.stat.go.jp/data/jinsui/index.htm]［二〇一七年七月三十一日アクセス］）から毎年十月一日現在の総人口を参照し、ボウリング人口を算出した。なお、『レジャー白書』の調査は、一九八六年以前の調査では全国の人口五万人以上の都市部に在住する十五歳以上の人々が、八七年以降の調査では全国の十五歳以上の人々が、それぞれサンプルとされている。そして二〇〇〇年調査以降、再びサンプルが人口五万人以上の都市部に限定されている。以上の事情から、ここで示された数値には、八六年から八七年の間と九九年から二〇〇〇年の間に、それぞれ断絶がある。

（2）世界的には、イギリス発祥のペタンクやボッチャを含めたボウルズ（Bowls）という類似種目も人気で、これらは特にコモンウェルス諸国（旧大英帝国圏）で盛んである。

（3）「WORLD BOWLING」（https://www.worldbowling.org/）［二〇一七年七月三十一日アクセス］

（4）本小節の歴史的事実については、以下の文献を主に参考にした。上村瑛『100万人のボウリング』東都書房、一九六七年、ジョージ・サリバン『ファミリー・ボウリング』宮川毅訳、ベースボール・マガジン社、一九七四年、ハーマン・エイスコーフ／チャック・ピザーノ『ボウリング』すみ光保訳、ぎょうせい、一九八五年、宮田哲郎「ボウリング・ブームの社会史」一九九二年、日本ボウリング振興協議会教育指導分科会『The Bowling――写真で見るボウリング』日本ボウリング振興協議会、一九九四年、大村義和『世界のボウリング百年の歴史と至難「スポーツ化」に燃えた五十年』遊タイム出版、二〇〇七年

（5）ナインピンボウリングとは、九本のピンでおこなわれるボウリングのことで、現在日本で親しまれているテンピンボウリングの原型である。
（6）総務省統計局「小売物価統計調査（動向編）調査結果」（http://www.stat.go.jp/data/kouri/doukou/3.htm）［二〇一七年七月三十一日アクセス］
（7）ブランズウィックは「自動式ピンセッター」の名称を用い、AMFは「自動式ピンスポッター」の名称を用いてきたが、これは商標登録上のすみ分けにすぎない。本質的には同一の装置なので、本書ではより一般的な名称と思われる「自動式ピンセッター」の語を用いる。
（8）「読売新聞」一九八六年五月十九日付夕刊
（9）田川彦太郎編『日本におけるボウリング三十年の歩み 資料編』日本ボウリング振興協議会、一九八七年、六三ページ
（10）前掲「小売物価統計調査（動向編）調査結果」
（11）「朝日新聞」一九七一年六月十七日付
（12）「読売新聞」一九七六年三月二十日付
（13）「朝日新聞」一九七一年八月二十日付夕刊
（14）「朝日新聞」一九七一年八月十五日付
（15）「朝日新聞」一九七一年八月三十日付
（16）中村敏雄「ボウリングはなぜ衰退したのか」、学校体育研究同志会編『スポーツの技術と思想』（学校体育叢書）所収、ベースボール・マガジン社、一九七八年、九六ページ
（17）「読売新聞」一九七〇年三月十八日付
（18）前掲『三十年の歩み』二九八ページ

（19）瀬沼克彰『余暇産業の展開』文和書房、一九七八年、九九ページ
（20）「読売新聞」一九七一年九月二十八日付
（21）「読売新聞」一九七二年五月三十日付
（22）「読売新聞」一九七二年十二月五日付
（23）「朝日新聞」一九七〇年四月九日付
（24）「朝日新聞」一九七二年八月二十四日付
（25）「朝日新聞」一九七三年三月七日付
（26）「読売新聞」一九七三年三月二十二日付
（27）「朝日新聞」一九七四年十二月二十一日付
（28）「朝日新聞」一九七七年九月二十一日付夕刊
（29）「読売新聞」一九八〇年十二月十一日付
（30）文部科学省「体育・スポーツ施設現況調査」（http://www.mext.go.jp/b_menu/toukei/chousa04/shisetsu/1261381.htm）［二〇一七年七月三十一日アクセス］
（31）沼上幹『わかりやすいマーケティング戦略 新版』（有斐閣アルマ basic）、有斐閣、二〇〇八年、三ページ
（32）『レジャー白書』では、レジャー活動を大きくスポーツ部門、趣味・創作部門、娯楽部門、観光・行楽部門に分類している。ここでのレジャー理解とは、スポーツを包含するものと言える。本書でのレジャー理解は、こうした拡大した意味合いではなく、より限定的なものとし、スポーツとレジャーを対抗的なものとして捉える。
（33）アレン・グートマン『スポーツと現代アメリカ』清水哲男訳（Books '80）、ＴＢＳブリタニカ、一

九八一年
(34)ジェイ・コークリー／ピーター・ドネリー『現代スポーツの社会学——課題と共生への道のり』前田和司／大沼義彦／松村和則共編訳、南窓社、二〇一一年、一〇ページ
(35)確かに体操はあくまで体操という文化であってスポーツの源流と位置づけていいのかという問題もあるが、当時おこなわれていた体操が、現在の器械体操や陸上競技に通じるものであることから、日本のスポーツ文化の源流の一つとしてこれらの体操を位置づけても問題ないだろう。
(36)ただし、近年のスポーツ史研究では、当時のスポーツが体力向上だけを主眼とした管理的なものだったという見方が改められつつある（高岡裕之「大日本体育会の成立——総力戦体制とスポーツ界」、坂上康博／高岡裕之編著『幻の東京オリンピックとその時代——戦時期のスポーツ・都市・身体』所収、青弓社、二〇〇九年、など）。
(37)木下秀明「日本人のスポーツ観」、「特集 現代スポーツの諸問題」「体育の科学」一九七一年一月号、杏林書院、川口智久「現代スポーツ論批判」、川口智久編著『現代スポーツ論序説』（「シリーズ・スポーツを考える」第一巻）所収、大修館書店、一九七七年、など
(38)藤竹暁「レジャーの概念——華麗で饒舌などうどうめぐり」、石川弘義編『レジャーの思想と行動』（「人間とレジャー」第一巻）所収、日本経済新聞社、一九七三年、二三ページ
(39)J・デュマズディエ『余暇文明へ向かって』中島巖訳（現代社会科学叢書）、東京創元社、一九七二年、一九ページ
(40)ヨゼフ・ピーパー『余暇と祝祭』稲垣良典訳（講談社学術文庫）、講談社、一九八八年、六六ページ
(41)小澤考人「近代日本における「余暇」の問題構成」「ソシオロゴス」第二十七号、ソシオロゴス編

集委員会、二〇〇三年
(42) 経済企画庁余暇開発室編『余暇社会への構図——余暇政策の今後のあり方』大蔵省印刷局、一九七三年
(43) 国民生活審議会消費者保護部会編『レジャーへの提言——消費者保護の立場から』大蔵省印刷局、一九七二年
(44) スポーツに関連する世論調査には、「スポーツ問題に関する世論調査」(一九五七年)、「スポーツに関する世論調査」(一九六二年、一九六五年、一九七二年、一九七六年)、「体力・スポーツに関する世論調査」(一九七九年、一九八二年、一九八五年、一九八八年、一九九一年、一九九四年、一九九七年、二〇〇〇年、二〇〇四年、二〇〇六年、二〇一〇年、二〇一三年)などがある。
(45)『余暇産業に関する調査研究』(「余暇開発センター調査研究報告書」第五十四巻〔産業〕)、余暇開発センター、一九八〇年
(46) 経済産業省「特定サービス産業動態統計調査」(http://www.meti.go.jp/statistics/tyo/tokusabido/)[二〇一七年七月三十一日アクセス]
(47)「レジャー産業資料」は一九七一年から日本エコノミストセンターが発行する雑誌である。八二年から綜合ユニコムが発行する「月刊レジャー産業資料」は、その後継誌に当たる。
(48)「シェアードリサーチレポート ラウンドワン」(二〇一七年七月十一日最終更新版)(http://www.sharedresearch.jp/ja/4680)[二〇一七年七月三十一日アクセス]
(49) この資料の編纂にあたった田川彦太郎は、全日本ボウリング協会からも、日本ボウリング場協会からも距離がある中立的な立場の人物ということで編纂を依頼されたことが、全日本ボウリング協会A氏への調査で確認されている。

(50)『三十年の歩み』は流行期の関連団体の動向についてかなり詳しく記述しており、流行期について考察した第3章ではこの資料を主に活用した。それ以降の時期について考察した第4章では、「二十年間のボウリング情報」を参考としながら、ボウリング場経営により焦点を当てて分析した。

(51) 日本ボウリング場協会S氏：電話を通じた聞き取り調査（二〇〇六年十二月一日〔金〕十時―十時三十分）、日本ボウリング場協会O氏：対面式による聞き取り調査（二〇〇九年六月十九日〔金〕十五時―十六時三十分、場所：日本ボウリング場協会）、全日本ボウリング協会A氏：電話を通じた聞き取り調査（二〇〇九年六月二十二日〔月〕十時―十時十分）

第2章　ボウリングブームの衝撃

ボウリングが大衆のものとして広まったのは一九六〇年代以降であり、その時期には爆発的ともいえる流行現象が起こった。本章では、この時期に焦点を当て、ボウリングがどのようにして流行したのかを見ていく。

はじめに、当時、どのような人々がボウリングに参加したのかを明らかにしていく。ここでは、ボウリングに参加した人数（量）よりも、どのような人がボウリングに参加したのか（質）に注目したい。次に、当時のボウリングがなぜ多様な人々を巻き込むことができたのかについて、社会的背景、ボウリング場の経営、そしてボウリングという種目の性格という三つの視点から分析していく。

1　ボウリングの参加者

繰り返しになるが、流行期のボウリングはすさまじい人気を誇った。流行のピークは一九七二年で、全国に三千六百九十七のボウリング場、レーン数で十二万千二十一もが乱立し、市場規模は約五千六百億円、年間延べ利用人口は約七億二千万人だった。[1] 当時の人口が約一億人だったから、単純計算で、老若男女合わせて年間に一人約七回ずつプレーしたという計算になる。また、ゲーム数で見てみると、七二年には全国で約二十一億六千万ゲームがおこなわれた。[2] これも同じく単純計算すれば、一人当たり年間二十ゲーム以上プレーしたことになる。日本のスポーツ史上、これほどまでに大規模な流行を引き起こした種目は、ボウリングのほかには見当たらない。

では、具体的にどのくらいの人々がボウリングに参加していたのだろうか。以下では、「スポーツに関する世論調査」の一九六五年と七二年の結果を比較し、人々の間にどの程度ボウリングが浸透していたのかについて見ていく。[3] 同調査の結果を見ると、六五年におけるスポーツ全体の参加率が四六・九％だったのに対して、七二年にはそれが六〇・〇％にまで上昇していた。次に、六五年と七二年での参加率の高い種目上位五種を表５に示した。これを見ると、七二年でボウリングの人気が突出している。ボウリングは明らかに、当時の人々のスポーツ参加を押し上げたと言うことができるだろう。

図13　満員のボウリング場の様子
（出典：中山律子『中山律子の「この道」パーフェクトじゃない人生』東京新聞、2014年、28ページ）

以上のような全体的な傾向を踏まえたうえで、特にどのような人々がボウリングに引き付けられたのかを明らかにするために、以下では各層ごとのスポーツ参加率とボウリング参加率を見ていく。

表5　参加率上位5種目

1965年		1972年	
海水浴	19.1%	ボウリング	27.5%
キャッチボール	14.8%	体操	18.6%
体操	13.3%	遊泳	17.4%
ハイキング	9.5%	キャッチボール	13.2%
野球	9.3%	釣	11.3%

（出典：各年調査から筆者作成）

性別に見たボウリング参加率

表6は、一九六五年と七二年の性別によるスポーツ参加率の比較である。これを見ると、七年間で男性のスポーツ参加率が一〇・〇ポイント上昇したのに対して、女性は一六・四ポイントも上昇している。そして男女間のスポーツ参加率の差も、六五年の二二・一ポイントから、七二年には一五・七ポイントへと減少している。男女間のスポーツ参加率の差は依然として存在するものの、この期間でその差が多少縮まったことがわかる。

また、表7に一九七二年での参加率の高い種目を示した。女性では、体操と並んでボウリングの参加率が非常に高く、男女間のスポーツ参加格差の解消にボウリングが果たした役割は大きかったと言える。ただし男性でもボウリング人気がきわめて高かったことから、ボウリングが女性だけに特に人気があったと言うことはできない。

表6　過去1年間のスポーツ参加率

	1965年	1972年	増加幅
男性	58.8%	68.8%	10.0
女性	36.7%	53.1%	16.4
合計	46.9%	60.0%	13.1

（出典：各年調査から筆者作成）

表7　参加率上位5種目（1972年）

男性		女性	
ボウリング	33.7%	ボウリング	22.6%
キャッチボール	25.9%	体操	21.1%
釣	22.4%	遊泳	14.3%
遊泳	21.4%	バドミントン	10.4%
体操	15.4%	ハイキング	8.7%

（出典：1972年調査から筆者作成）

表8　過去1年間のスポーツ参加率

	1965年	1972年	増加幅
20～29歳	68.3%	84.8%	16.5
30～39歳	54.1%	76.3%	22.2
40～49歳	43.8%	57.5%	13.6
50～59歳	28.6%	36.9%	8.3
60歳以上	13.8%	19.6%	5.8
合計	46.9%	60.0%	13.1

（出典：各年調査から筆者作成）

表9　参加率上位5種目（1972年）

20歳代		30歳代		40歳代	
ボウリング	55.4%	ボウリング	36.3%	ボウリング	19.1%
遊泳	32.7%	遊泳	23.2%	体操	18.0%
体操	26.3%	体操	22.4%	遊泳	14.2%
キャッチボール	23.4%	キャッチボール	17.3%	釣	12.5%
ピンポン	17.6%	バドミントン	13.4%	キャッチボール	12.0%
50歳代		**60歳代**			
体操	12.4%	歩け歩け運動	9.2%		
ボウリング	8.8%	体操	7.0%		
釣	8.0%	釣	5.3%		
歩け歩け運動	6.1%	ボウリング	1.7%		
遊泳	5.0%	遊泳	1.4%		

（出典：1972年調査から筆者作成）

年齢別に見たボウリング参加率

では、年齢別の参加率状況はどうか。表8は、一九六五年と七二年における年齢別で見たスポーツ参加率である。これを見ると、全体的なスポーツ参加率は上昇しているものの、その伸びが高いのは二十歳代や三十歳代と、もともとスポーツ参加率が高い層であり、従来参加率が低かった層はあまり伸びていない。このように、スポーツ参加率は確かに全体的には上昇したものの、年齢間の格差が埋まるほどではなかったことがわかる。

そして、一九七二年での参加率の高い種目を年齢別に示したものが表9である。これを見ると、ボウリングは特に二十歳代から三十歳代の人々から非常に強い支持を得ていた。なかでも二十歳代の若者のボウリング参加率は突出していて、ボウリングブームは主に若者に支えられたものだったことがわかる。高齢者はボウリングに参加してはいたものの、ボウリングによってスポーツ参加が促進されたとまで言える状況ではなかった。

職種別に見たボウリング参加率

次に、職種別のスポーツ参加の状況を見ていく。表10は、職種別に見た一九六五年と七二年におけるスポーツ参加率である。六五年では、ホワイトカラー、ブルーカラー、主婦の順でスポーツ参加が盛んであり、その格差は非常に大きいものだったが、七二年にはその格差がやや解消される方向に進んでいった。従来スポーツによく参加していたホワイトカラーは九・七ポイントの参加率の

表10　過去1年間のスポーツ参加率

		1965年		1972年		増加幅	
ホワイト	専門技術・事務職	80.5%	77.5%	89.7%	87.2%	9.2	9.7
	自由業・管理職	62.3%		75.0%		12.7	
ブルー	労務職	59.0%	44.6%	71.2%	57.9%	12.1	13.3
	商工サービス	47.1%		61.6%		14.4	
	農林漁業	31.7%		37.5%		5.8	
主婦		32.8%		54.8%		22.0	
その他		18.3%		24.9%		6.6	
合計		45.6%		59.7%		14.1	

（出典：各年調査から筆者作成）

伸びを見せたが、ブルーカラーは一三・三ポイント、主婦にいたっては二二・〇ポイントもの伸びを見せた。とりわけ主婦の伸び幅は、特筆すべきものがある。

表11には、一九七二年での参加率が高い種目を職種別に示した。これを見ると、すべての職種でボウリングは上位二位までに入っていて、ボウリングがあらゆる職種の人々にとって重要なスポーツの機会になっていたことがわかる。特に、前述したスポーツ参加率の伸び幅の大きかったブルーカラーと主婦においてボウリングは重要な位置を占めていて、これらの層のスポーツ参加率の大幅な向上の一端を、ボウリングが担っていたと推察することができる。

就業形態別に見たボウリング参加率

最後に、被用者、自営業者、家族従業者といった就業形態別のスポーツ参加状況の変化を見ていく。表12は、一九六五年と七二年での就業形態別のスポーツ参加率である。ここでまず着目すべき点は、被用者と、自営業・家族従業者の間のスポーツ参加率の格差である。六五年の時点でこ

表11　参加率上位5種目（1972年）

管理職		専門技術・事務職		自由業	
ゴルフ	34.0%	ボウリング	50.3%	ボウリング	37.9%
ボウリング	27.7%	遊泳	35.7%	遊泳	24.1%
体操	25.5%	キャッチボール	28.9%	ピンポン	20.7%
釣	17.0%	体操	28.4%	キャッチボール	17.2%
キャッチボール	17.0%	ピンポン	22.7%	体操	13.8%
				釣	13.8%

労務職		農林漁業		商工サービス業		主婦	
ボウリング	39.9%	体操	10.7%	ボウリング	28.3%	ボウリング	21.2%
キャッチボール	24.0%	ボウリング	8.0%	キャッチボール	16.6%	体操	20.9%
遊泳	22.6%	遊泳	8.0%	体操	15.3%	遊泳	13.1%
釣	19.5%	釣	7.1%	遊泳	8.4%	バドミントン	11.7%
体操	17.5%	キャッチボール	6.0%	ピンポン	8.2%	ハイキング	9.7%
		バレーボール	6.0%				

（出典：1972年調査から筆者作成）

表12　過去1年間のスポーツ参加率

		1965年		1972年		増加幅	
被用	管理職	80.0%	70.3%	80.9%	80.0%	0.9	9.7
	専門技術・事務職	80.5%		89.7%		9.2	
	労務職	59.0%		71.2%		12.2	
自営業	農林漁業	32.5%	39.3%	39.8%	53.6%	7.3	14.3
	商工サービス	46.8%		62.2%		15.4	
	自由業	38.5%		62.5%		24.0	
家族	農林漁業	30.8%	35.7%	34.8%	45.4%	4.0	9.7
	商工サービス	47.9%		60.0%		12.1	
	自由業	—		80.0%		—	
合計		53.6%		66.3%		12.7	

（出典：各年調査から筆者作成）

表13　参加率上位5種目（1972年）

被用		自営業		家族従業	
ボウリング	43.8%	ボウリング	19.1%	ボウリング	20.0%
遊泳	27.7%	体操	13.8%	体操	11.9%
キャッチボール	25.8%	遊泳	7.6%	遊泳	11.2%
体操	22.8%	ピンポン	5.7%	キャッチボール	8.1%
釣	19.4%	釣	5.7%	バレーボール	6.2%

（出典：1972年調査から筆者作成）

の差は非常に大きく、それは七年後の七二年にもあまり変わっていなかった。これはのちに見るように、職場でスポーツ施設を利用できたかどうかに由来する。二〇一七年現在、各企業が従業員のために自前でスポーツ施設を用意することは少なくなったが、当時の各企業が所有し、主に自社の従業員に利用させるためのスポーツ施設（職場施設）は全国で二万三千七百六十八カ所と、公共施設（一万百九十三カ所）や民間非営利施設（二千五百二十二カ所）、民間営利施設（四千百八十四カ所）よりも多かった。[4] こうした職場施設を利用できた人ほど、スポーツ参加率が高かったと考えられる。

表13は、一九七二年の就業形態別の主要参加種目である。これを見ると、いずれの就業形態でもボウリングの人気がもっとも高い。このことから、ボウリングは特定の就業形態の人々に対して強く作用したわけではなかったことがわかる。とはいえ、この間に大幅にスポーツ参加率を伸ばした自営業のなかで、もっとも参加率が高い種目はボウリングであり、ボウリングがこの層のスポーツ参加を押し上げたと言っていいだろう。職場施設を利用できなかった自営業者や家族従業者は、民間施設であるボウリング場でスポーツに参加したのである。

周縁的な層によるボウリング参加

以上のように、ボウリングは様々な層に対してスポーツの機会を提供していた。ボウリングは男性、若者、ホワイトカラー、被用者といった、従来からスポーツ参加率が高かった層でプレーされていたが、そうではない層にも広まることで、スポーツ参加の格差が解消される方向へと向かっていった。あまり参加していなかった層に焦点を当てると、高齢者こそスポーツ参加率があまり上昇していなかったが、女性、ブルーカラー（特に商工サービス従業者）、そして主婦などの層は、スポーツ参加率が軒並み大幅に上昇していた。その要因は様々だが、これらの層がもっとも多く参加した種目がいずれもボウリングだったことから、ボウリングブームがこれらの層のスポーツ参加を押し上げた側面があると言っていいだろう。

スポーツに参加していなかった層へのボウリングの普及は、当時の新聞紙面でも大きく扱われていた。例えば、茨城県鹿島町に完成したボウリング場を取り上げた新聞記事では、「四十六レーンのボウリング場は県一番とのこと。ミニスカートやスポーツシャツのヤング連がいっぱい。そのなかで「オラもやっぺ」とねじりはち巻の農家のおっさん、アネさんかぶりにモンペズボンのおばはん。「安い遊びだね」と工事現場のトビ職たち。毛糸の腹巻をのぞかせた職人スタイルもまじる」(5)と、ファッション性に富むボウリングというスポーツに対して「おっさん」「おばはん」「トビ職」といった「異質」な人々が交じることへの好奇と揶揄がにじみ出ている。このように、従来あまりスポーツに参加していなかった人々へのボウリングの普及が、社会的な関心事として報じられていた。

また、ボウリングの大都市以外への普及は遅れていた。一九七一年に、東京都の新島と八丈島の勤労福祉会館に都営ボウリング場が建設されたが、初めて見るボウリングに対する島民の反応が「「どうやって、ボウル、ころがすべ」「なあに、わけねえさ」」(6)「昨年、八丈島と新島にできた都立勤労福祉会館にレーンができてから新島モンモ（娘）も八丈のアニイ（青年）もやみつきになってしまった」[7]などと報じられるなど、地方部へのボウリングの普及もまた、珍しい事象として報道されていた。

さらに一九七二年には、福島県二本松市で第一回身体障害者車イス・ボウリング大会が開催され、これも「身障者ボウリング　ガターも楽し」[8]などと報じられた。当時の障害者スポーツの認知度はきわめて低かったため、障害者でも参加できるスポーツとしてのボウリングには、強い注目が集まった。

つまり、ボウリングは従来スポーツをしていなかった層のスポーツ参加を大幅に押し上げたとは断定できないものの、そうした層に対して、一定程度スポーツ参加の機会を提供する役割は果たしていたと考えられる。しかしその様子は、ときには好奇や揶揄をにじませながら報道されていたのである。

2　当時の社会的背景

前述のように、流行期のボウリングは多様な人々、特にそれまでスポーツをしてこなかった人々までをも巻き込んでいた点が特徴だった。これはどのようにして可能になったのか。ここからは、当時の社会的背景という点からその要因を説明する。具体的には、レジャーブームと呼ばれる現象が起こったことと、その時期のほかのスポーツ施設環境が不十分だったことが挙げられる。

レジャーブーム現象

　ボウリングブームが起こった一九六〇年代半ばは、高度経済成長の恩恵を受け、人々の生活にゆとりが出た時期だった。敗戦後の貧困にあえいでいた国民は、五〇年に起こった朝鮮戦争による特需を足がかりとして経済復興を果たしていった。五四年末に成立した鳩山一郎内閣は、長期経済計画の策定を政策の中心に据えた。五五年末には「経済自立五ヶ年計画」が閣議決定され、以後、経済政策の指針とされた。同計画では、重工業中心の産業構造を形成し、輸出を拡大することで経済発展するという見通しが立てられた。世界経済の好転や、国際的な貿易体制の拡大などの要因もあり、好況と不況を繰り返しながらも、国内経済は成長していった。さらに六〇年には、池田勇人内閣が国民所得倍増計画という長期経済計画を策定した。そのなかでは、例えば全国総合開発計画のもとで全国各地のインフラが整備されたり、農業基本法によって地方部から都市部への人口移動が促されたりするなど、社会・経済構造の大規模な転換がおこなわれた。その結果、六一年から七〇年の十年間で平均一〇・九％の経済成長を達成した。人々の生活についても、「ほぼ完全雇用」が達成され、業種間での賃金格差の縮減が進み、人々の生活は総じて豊かになった。

　この高度経済成長は、人々の間にレジャーブームと呼ばれる現象を引き起こす基礎的条件になった。具体的には、スキーやゴルフなどのスポーツ、ドライブも含めた国内旅行、パチンコ・競馬・麻雀などのギャンブル、映画などが人々の間で流行したが、そのなかでもっとも大規模に人々を巻き込んだのが、ボウリングだった。

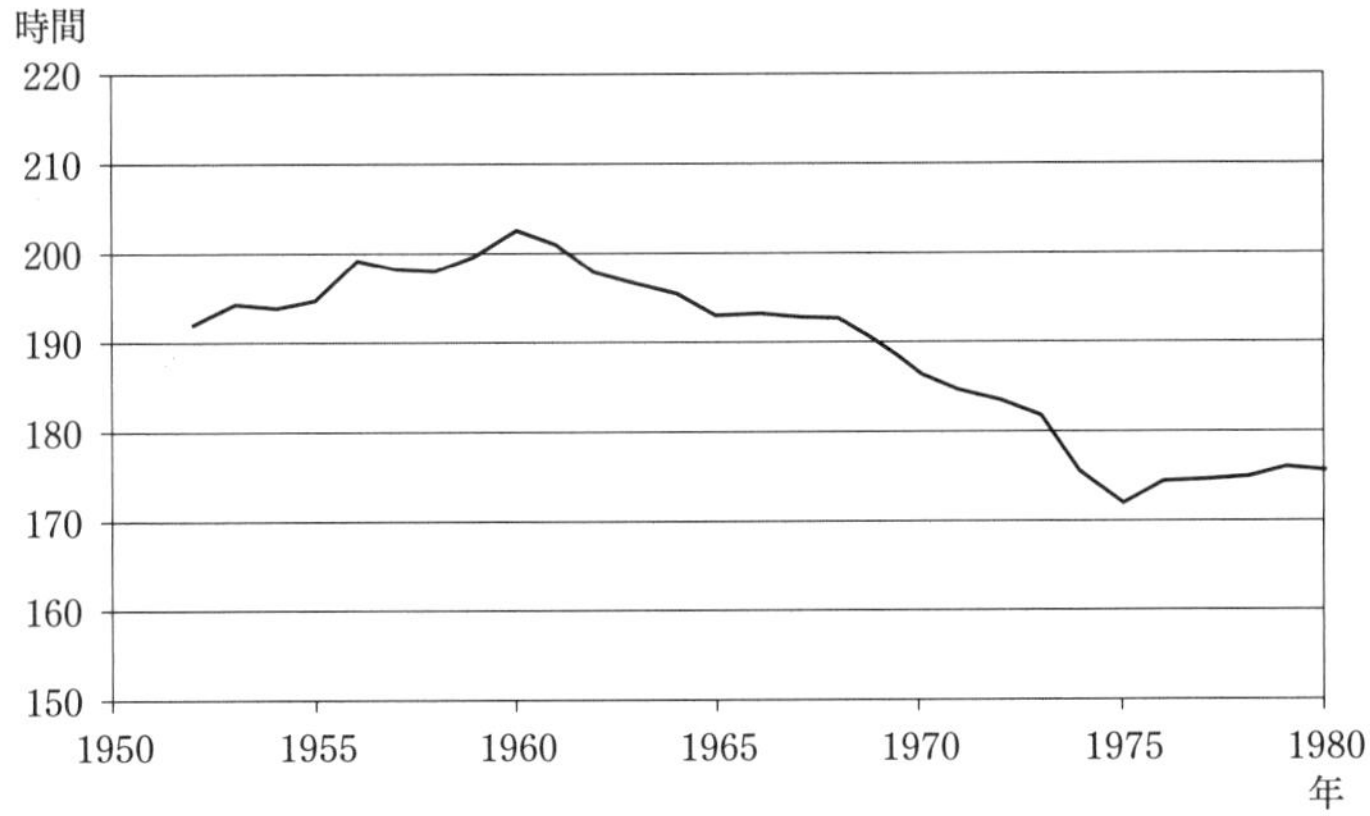

図14　労働者1人当たりの平均月間総実労働時間の推移
(出典：厚生労働省「毎月勤労統計調査」の結果から筆者作成)

レジャーブーム現象は、どのような背景から起こったのか。以下では、余暇時間の増大と、レジャーへの投資額の増大という二つの点からその背景を説明する。

図14は、一九五二年から八〇年までの日本の労働者一人当たりの平均月間総実労働時間の推移を示したものである。[9]これを見ると、六〇年の二百二・七時間をピークとして、平均労働時間がほぼ一貫して減少していることがわかる。レジャーブーム現象が起こった六〇年代は、それまで上昇し続けていた総実労働時間が一転して下降し始めた時期であり、この時期の労働者は余暇時間の増大を強く実感したにちがいない。六〇年代後半には総実労働時間がさらに急激に減少している。このことは、仕事から余った暇、すなわち余暇に時間を使うことを人々に強く意識させただろう。

余暇時間増大の背景には、様々な要因が考えられる。第一には、技術革新に伴う生産効率の上昇がある。戦中に軍需生産のために発達した技術力は、戦後の産業復興にも大きく役立った。一九五〇年代後半には技術革新に注目が集まり、合成繊維や石油化学製品などの新製品や、生産工程の連続化・自動化などの新製法が登場し、作業効率を向上させ、労働に必要な時間は必然的に減少していった。

また第二の要因として、労働条件の法的整備が挙げられる。一九四七年に労働基準法が制定され、一日八時間以上、一週間で四十時間以上の労働を原則禁じたほか、四八年には祝日法が施行された。さらに七〇年には、政府主導で週休二日制が導入された。ただ実際には、こうした法的規定は労働時間の短縮が進む七〇年代まで形骸化していたと言っていい。しかし、法的に休日が増えていったことが、余暇時間増大の基礎的条件になっていったこともまた事実である。

そして第三の要因として見逃せないのが、家電の浸透である。一九五〇年代後半、白黒テレビ、洗濯機、冷蔵庫のいわゆる「三種の神器」が家庭に浸透していった。白黒テレビが普及する以前は、そこに掃除機あるいは電気釜が代わりに入っていて、この時期に家庭に持ち込まれた家電は、ほとんどが家事負担を軽減させるものだった。こうした家電の浸透は、主に主婦の余暇時間が拡大していく要因になった。

次に、レジャーブームが起こったもう一つの背景として、人々が余暇活動に投資するようになったという点について考える。図15は、一九六三年から八〇年の間の一世帯当たりの年間消費支出総額の推移である。[10] これを見ると、レジャーブーム当時は、やや上昇率が緩やかだったとはいえ、可処分所得額が年々上昇した時期であった。こうした可処分所得の上昇を背景に、消費支出の受け皿としてレジャー産業が発達していったのである。こうした可処分所得額の増加と、それに伴う余暇活動への投資額増加の背景には、労働形態の変化や地縁の希薄化があった。

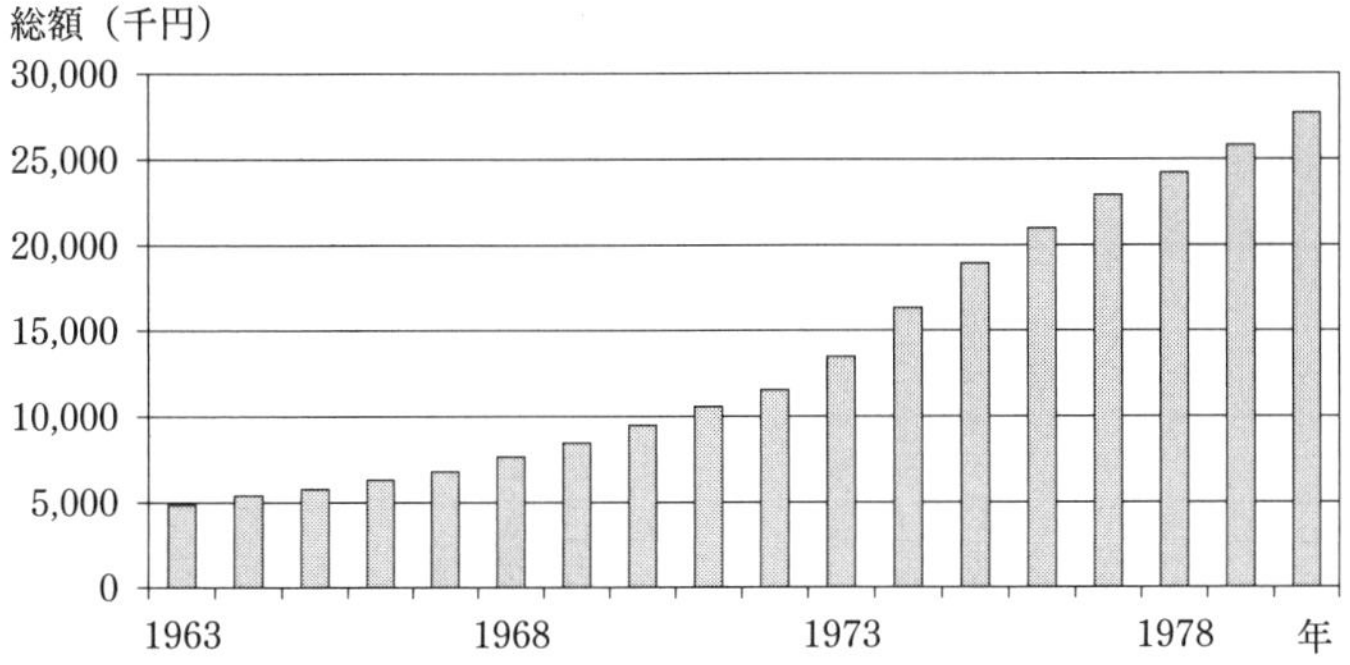

図15　1世帯当たりの年間消費支出総額の推移
（出典：総務省統計局編『家計調査年報』〔総務省統計局〕各年結果から筆者作成）

すでに述べたように、当時は技術革新によって労働形態が変化しつつあった。すなわち、生産様式の変化によって、労働者の主な労働形態は肉体労働から頭脳労働へと変化していったのである。本来、肉体労働者たちは労働時間に身体を動かしていたため、余暇時間では身体の休息を必要としていた。だが、頭脳労働中心の労働環境への変化は、身体運動による気晴らしを必要とさせたのである。

さらに一九六〇年代以降、地域社会の崩壊が言われるようになったことも、人々の余暇活動への投資を促していった。当時は、人口分布が急激に変化した時期だった。すなわち、地方労働者が都市部に団地や戸建てなどのマイホームを購入し、移住していったのである。こうした人口分布の変化によって、新たに流入してきた人々と、もともとそこに住んでいた人々の間でコミュニケーションが失われ、地域コミュニティや地縁の希薄化が言われるようになった。こうして失われた地縁に代わって発達していたのが、仕事縁や余暇縁だった。つまり、職場での人間関係や、趣味や娯楽、スポーツなどを通した同好の士の関係が強まっていったのである。こうして、コミュニティ形成のために余暇活動に投資する人が増加した。

スポーツ施設の不足

見てきたように、当時は高度経済成長をきっかけとして、レジャーブームと呼ばれる現象が起こった時期だった。レジャーブームは、ボウリングが大流行する要因の一つになった。次に、ボウリングが大流行したもう一つの社会背景として、この時期のスポーツ施設環境について見ていく。この時期は、一九六四年にオリンピック東京大会が開催されるなど、人々の間でスポーツ参加の機運が高まった。だが、当時の既存のスポーツ施設整備は不十分であり、人々は思うようにスポーツに参加できなかった。こうした施設不足の問題が、ボウリング場の爆発的増加をある面で支えていたと考えられる。

スポーツ施設の整備状況が初めて部門横断的に明らかになった一九六九年時点で、全国の施設数は十四万八千五十九であった[11]。その内訳は、公共施設が一万百九十三（六・九％）、学校（小・中・高校）施設が十万千六百七十二（六八・七％）、大学・高専施設が五千七百二十（三・九％）、職場施設が二万三千七百六十八（一六・一％）、民間営利施設が四千百八十四（二・八％）、民間非営利施設が二千五百二十二（一・七％）だった。

量的にもっとも多かった学校施設は、学校開放事業のもとで地域住民に開かれていた。だが、実際の学校開放率は低く、学校施設が人々のスポーツ参加の基盤になっていたとは言いがたい。表14は、一九六九年時点での学校開放事業の実施状況である。一見すると、比較的高い割合で学校が自校体育施設を地域に開放していたように見える。だが、それを額面どおりに評価することはできない。次に挙げるような点を差し引くと、この数値はかなり低く見積もる必要が出てくる。

第一に、夜間の開放率がきわめて低いことである。これは、夜間照明設備がない屋外運動場も多かったことから、夜間に開放することが物理的に困難な学校も多かったためである。夜間照明を有していた施設の割合は全体の二五・三％だったが、そのほとんどが屋内施設であり、屋外施設の多くが夜間照明を設置していなかった。そのため、昼間に仕事がある人々の多くは学校施設を利用することが難しかった。

第二に、開放している施設種別にばらつきがあることである。例えば屋内運動場やプールを開放せずに、屋外運動場だけを開放していても、その学校は学校開放制度を導入していると集計される。こうした実態から、この開放率の数値は割り引いて考える必要がある。全体育施設を開放している学校は、昼間で三一・九％、夜間で一一・五％にすぎなかった。

第三に、開放頻度にばらつきがあることである。当時の開放頻度は、ほとんど毎日（一週間に四日以上）が二四・二％、ときどき（一週間に二日から三日）が一九・五％、ときたま（一週間に一日以下）が四八・三％だった。この結果からわかるように、ほとんど毎日開放しているのは学校開放事業をおこなっている学校全体の四分の一程度にすぎず、ときたましか開放しない学校が約半数にのぼる

表14　学校施設の開放状況（1969年）

		昼間	夜間
開放	屋外運動場	65.0%	14.6%
	体育館	30.8%	27.9%
	プール	8.0%	0.9%
未開放		27.3%	70.3%

（出典：文部省体育局『社会体育実態調査（中間報告）』〔1970年〕30ページから筆者作成）

ことを見ても、開放率の割合はさらに割り引く必要がある。

そして第四に、学校開放事業とはいえ、自校の児童・生徒だけに開放するという学校が一定数あったことである。同調査によると、そのような学校が一二・七％と少数ながら存在した。これらの学校も学校開放制度を導入している割合に含まれることから、地域住民の利用可能性はこの数値から差し引いて考える必要がある。

以上のように、当時もっとも多かった学校施設は、必ずしも人々のスポーツ参加欲求を十分に受け止められるほどの規模で開放されていたわけではなかった。

一九六九年当時、学校施設に次いで多かったのが、職場施設である。ところが、こちらも学校施設同様、人々のスポーツ参加の基盤として機能していたとは言いがたい。職場施設の地域住民への開放は「原則として開放しない」が全体の八六・五％を占めていた[12]。

とはいえ、職場施設は地域住民にとってスポーツ参加の基盤になりえなかったものの、そこで働く従業員にとっての重要な場所ではあった。表15は、一九六四年に労働省によっておこなわれた、全国の企業の福利厚生施設に関する調査の結果である。まず企業規模間の差に着目すると、いずれの業種でも、企業規模と職場スポーツ施設設置割合には明確な相関関係がある。つまり、規模が大きい企業ほど、職場施設の設置率が高かったのである。また業種間の差に注目してみると、電気・ガス・水道業と金融・保険業では、いずれの企業規模でも平均より高い設置率だったのに対して、建設業ではいずれの企業規模でも平均よりきわめて低い設置率だったことがわかる。これらの業種では、企業規模よりも業種特有の条件、特に労働内容や労働強度などが、職場施設設置に影響を与

表15　業種・規模別の職場スポーツ施設保有率（1964年）

		企業規模			
		500人以上	100〜499人	30〜99人	合計
業種	鉱業	95.0%	73.5%	32.5%	54.1%
	建設業	74.7%	51.3%	30.5%	34.1%
	製造業	98.9%	91.0%	65.2%	72.5%
	卸売業・小売業	93.8%	81.3%	59.9%	64.3%
	金融・保険業	92.7%	90.3%	81.2%	82.0%
	不動産業	100.0%	68.1%	46.2%	52.5%
	運輸通信業	90.5%	67.0%	53.0%	58.2%
	電気・ガス・水道業	100.0%	98.3%	96.2%	97.4%
合計		96.8%	83.1%	61.4%	67.1%

（出典：労働省大臣官房労働統計調査部経済統計課編『昭和39年企業福祉施設調査報告』〔労働省大臣官房労働統計調査部、1965年〕から筆者作成）

えていたと考えられる。例えば従業員の多くが肉体労働者であるような業種では、全体的に職場施設の必要性が低かったため、施設整備が進まなかったのだろう。

このように、職場施設も学校施設同様、一般への開放が進んでおらず、さらに自社従業員に利用させるという面からもその整備状況に偏りが見られた。大企業に勤める者は職場施設でスポーツ欲求を満たすことができただろうが、中小企業で働く労働者や、建設業や不動産業、鉱業といった業種の企業で働く労働者、自営業者や家族従業者、そして専業主婦などは、職場施設を利用することは難しかったと考えられる。

そして、学校施設や職場施設とは異なり、誰でも利用できたのが公共施設である。だがこの公共施設は、一九六九年時点で一万百九十三カ所と、スポーツ施設全体のわずか六・九％にすぎなかった。時間をさかのぼった六三年の「社会教育調査」の結果では、公共施設は全国で二千五百二十四と、相当に少なかった。[13] その内訳上位五種は野球場四百六十八、水泳プール四百二十六、庭球場三百二十一、陸上競技場二百二十四、体育館百六十三であった。そして施設の平均年間延べ利用者数は一万七千三百九十八人で、前述五種の施設に限ると野球場が一万五千九十五人、水泳プールが三万八百三十一人、庭球場が六千百七十四人、陸上競技場が二万二千四十四人、体育館が四万九千六十六人であった。参考までに、同調査における博物館の状況を見てみると、施設数が全国で二百三十九にすぎないのに対して、平均年間延べ利用者数は二十一万二千百六十六人であった。[14] こうした数字からは、当時の公共スポーツ施設は数としてはほかの公共施設に劣らず多かったが、平均利用者数では大幅に少なかったことがわかる。

公共スポーツ施設の利用者数の少なさの要因として、設備の不十分さを挙げることができる。まず夜間の利用に不可欠な照明設備を備えていない施設が非常に多く存在した。前述五種の施設で見てみると、照明設備を備えていたのは、野球場で〇・六%、水泳プールで二五・四%、庭球場で一・九%、陸上競技場で一・三%、体育館で九八・二%だった。このように、屋外施設の大多数で照明設備が存在しなかったため、夜間の利用が必然的に制限されていたことがわかる。

また更衣室や浴室（シャワー室）といった設備も、当時はあまり整備が進んでいなかった。全体的に見てみると、更衣室は三七・六%、浴室は二七・一%の整備率だった。さらに前述五種の施設で見ると、更衣室の整備率は野球場で二五・六%、水泳プールで八二・六%、庭球場で二六・五%、陸上競技場で三四・四%、体育館で八六・三%だった。また浴室の整備率は野球場で一六・二%、水泳プールで六〇・一%、庭球場で一二・一%、陸上競技場で二六・八%、体育館で七四・二%だった。施設の快適な利用のためにはこうした設備の十分な整備が不可欠であり、当時はその水準が低かったと言える。

このように、当時の公共スポーツ施設は、ほかの種別の公共施設や現在の公共スポーツ施設と比べてみても、非常に少なかった。またそうした量的な問題だけでなく、利用を促進するような夜間照明設備や更衣室、浴室といった設備の整備など質の面でも不十分だった。

以上のように、ボウリングブーム当時の既存のスポーツ施設は、全体としてきわめて少なく、照明などの設備も不十分であり、さらにその利用可能性は偏っていた。こうした環境整備面での事情は、スポーツ欲求を抱えた人々が既存のスポーツ施設ではなく、ボウリング場に向かうようになるための基礎的条件として重要だったと考えられる。

3　ボウリング場の経営

ここまで見てきたように、ボウリングが流行した一九六〇年代半ばから七〇年代初頭の時期は、レジャーブームと呼ばれる現象が起こり、人々は盛んにレジャーを楽しんだ。またオリンピック東京大会が開催され、その機運のなかで人々のスポーツ欲求が高まった時期でもあった。しかし当時、スポーツ施設は質・量ともに不足していて、人々はスポーツ欲求を十分に満たすことができなかった。そのような状況下で、民間企業が大量のボウリング場を建てたために、ボウリング人気に火が付いたのである。では、実際に当時どのようにボウリング場が整備され、経営がおこなわれたかについて、その経営面の特徴を見ていこう。

参入業種の多様性

当時のボウリング場開設の面で重要なのは、数多くの異なる種類の企業が参入したことである。日本初の民間ボウリング場だった東京ボウリングセンターは、開業翌年の一九五三年、第一ホテルに経営権を譲渡し、そのほかにも鉄道、不動産、映画、化粧品、運輸、証券、土地倉庫、セメント、製菓などの非常に多様な企業がボウリング場の経営に乗り出していった。この参入業種の多様性は、当時のボウリング場経営の大きな特徴と言える。

例えば、映画配給企業は全国各地に土地を所有していて、倉庫や撮影所として利用していた広大な土地をボウリング場に変えるケースが多かった。表16は、一九七一年時点での映画配給企業によるボウリング事業参入の動向である。五〇年代、映画はレジャーの中心として栄えていた。五八年には十一億一千万人の観客を動員して、六〇年には七千四百五十七もの映画館が建設された。だが、テレビが普及するにつれて、映画はその時期をピークに下降線をたどり、六九年には観客数が二億八千四百万人になり、映画館数は三千六百二へと大きく減少した。(15) こうした産業としての衰退を受けて、映画配給企業は新しい事業としてボウリング場に注目していった。表16からわかるように、七一年の時点で、松竹、東映、日活、東宝の四社は、それぞれの会社を合わせて計五十四ものボウリング場を経営するようになり、新たな経営の可能性をボウリングに見いだすようになっていった。

表16　映画配給企業のボウリング事業進出

	ボウリング事業開始年	センター数（1971年11月1日現在）	レーン数（1971年11月1日現在）	全営業収入に占める映画配給の比率	全営業収入に占めるボウリング事業の比率
松竹	1963年	11	280	11.4%	14.4%
東映	1964年	25	582	27.8%	19.3%
日活	1967年	7	150	19.8%	21.1%
東宝	1969年	11	310	16.8%	—

（出典：「読売新聞」1971年11月8日付夕刊）

さらに、各社の収入の内訳を見ると、松竹と日活では、本業である映画配給よりもボウリング事業のほうが収入の比率が高いことがわかる。また、出典の本文中では東宝のボウリング事業収入比率は約二五%と推測されていて、それが正しいとするならば、映画配給四大企業のうち三社までもが、本業よりもボウリングで高い収益を得ていたことになる。つまり、この時期には各配給会社の経営においては脱映画が志向されていて、ボウリング場はその代替事業として有望視されていたのである。

　このように、映画配給企業をはじめとして多様な業種の企業がボウリング場経営に参入できた理由としては、ボウリング場が施設中心型の事業だったことが挙げられる。すなわち、一度建ててしまえばそれ以降、専門的な技術を持った従業員が必要となるわけでもなく、また屋内型で天候に左右されずに安定した収入を期待できた。さらに、ほかのスポーツ施設、例えばゴルフ場のように広大な土地が必要になるわけでもないため、多額の施設投資は不要だった。当時のボウリング場事業は「粗利益率が四〇~五〇%、投下資金の回収率《（ママ）》は三~四年で出来たといわれており、このような事業は他業種には見当たらない[16]」などとも言われていた。実際、当時の日活の兜木取締役事業本部長が「いまの時点では、ボウリングに代わるものはちょっと見あたらない。開店してすぐ客が来る、採算がとれる。ウチなんかの場合、そのメリットは大きいですよ」[17]と話すように、きわめて短期間で採算を取れる事業として、ボウリング場事業は注目されていた。こうした特徴から、ボウリング場は「施設産業」と呼ばれるようになる。この言葉が含意するのは、ボウリング場は特別なサービスが不要で、施設さえ建設すれば利益が見込めるという意味である。そして、多くの企業の経営多角化策のなかで、ボウリング場は有効な事業として位置づけられた。

一方、企業に貸し付けをおこなう銀行も、ボウリング場事業には積極的に融資をしていた。ある企業が駅前に貸しビルを建てたいと銀行に相談しても融資を受けられなかったが、ボウリング場であれば受けられるといった状況だった。[18]それほどまでに、銀行にとってボウリング場経営は優良事業と認識されていたのだ。

また、従来ボウリング関連設備の開発・輸入だけに携わっていた各商社が、一九六〇年代後半からはボウリング場の建設にも関わるようになっていった。各商社は、ボウリング場の開業から従業員の教育まで幅広く関与したため、経営に不慣れな地主などでもボウリング場事業に気軽に手を出すことが可能だった。さらに、それまで各商社と取り引きがあった企業は、商社金融を利用することで、長期の割賦払いができるようになった。こうした各商社のボウリング場事業への介入もまた、多様な企業がボウリング場事業に参入しやすくなった一つの要因だった。

一九六〇年代終盤から様々な業種の企業がボウリング場経営に参入したが、それに拍車をかけたのが、七一年のドルショックであった。ドルショックは、特に繊維・鉄鋼・化学・パルプ産業などに対して大打撃を与えたが、それによって生まれた工場跡地などの遊休地にボウリング場が建設されていったのである。これらの企業は、工場跡地を休ませておくよりも、その場所を有効活用し、かつ経営の多角化を推進して企業の基盤強化を望んだ。その結果、さらに多様な業種の企業がボウリング場事業に参入した。

これらの企業は、「施設産業」としてのボウリング場の収益性の高さに大いに期待していた。例えば、名古屋市内の遊休地一万二千平方メートルにボウリング場を建設した明電舎は、三年から四年で投下資本を回収できると見積もっていた。また、東洋電機製造は「老朽化した事務所を高層に改築したところ、八千平方メートルのあき地ができた。横須賀線戸塚駅から歩いて三分という場所だけに「不況のおりから遊ばせておくのはもったいない」と、社内で利用方法を話し合った結果、ボウリング場建設に踏み切った」というように、遊休地の活用法としてボウリング場事業は大いに注目を浴びた[19]。このようにドルショックは、ボウリングブームをより押し上げるものとして作用していた。

しかも、大手企業は早期の資本回収を目指していたため、広大な遊休地にボウリング場を建設する傾向が見られた。そのため、この時期のボウリング場は大型化が進んだ。アメリカにおける流行期の一施設当たりの平均レーン数はおよそ十五レーン程度だったが、日本の場合、流行初期から平均二十レーン以上、多様な企業が参入してきた一九七〇年代以降は平均三十レーン以上となり、巨大なボウリング場が次々と建設された[20]。それらは、初期投資を短期間で回収するために、賞金・賞品提供や深夜営業といった施策によってほかのボウリング場に対して競争力を強め、人々の金銭消費を促した。こうして、ボウリング場同士で過当に競争が起こるとともに、街中にボウリング場があふれることで人々の飽きを生み、流行は終息していくのである。

なぜボウリング場は「施設産業」となれたのか

当時のボウリング場は「施設産業」と呼ばれていて、数多くの異業種企業がボウリング場事業へ殺到した。それでは、ボウリング場事業はなぜ「施設産業」となりえたのだろうか。なぜ、各企業はボウリングの専門的ノウハウがなくとも経営に参入することができたのだろうか。この点を説明するために、次に当時のボウリング場事業の経営施策について考察したい。

表17は、一九七一年当時の経済誌が試算して作成した架空のボウリング場投資計画である。[21] これによると、ゲーム代収入がもっとも高く約八一％と見積もられ、そのほかの収入のなかでもっとも多い食堂・喫茶売り上げでさえ、全体の約八％にすぎない。このように、当時のボウリング場は飲食物や貸し靴代などよりも、ゲーム料収入に強く依存する収益構造を有していたことがわかる。

表18は、時代が下った二〇一五年度における、日本のボウリング場産業全体の年間売り上げ高の比率を示したものである。これを見ると、ボウリング場の収入は八割以上が利用料金収入、すなわちゲーム代から確保されている。その一方、食堂・売店売り上げは六％程度にすぎず、収入全体に対して大きな比重を持つとは言えない。つまり、流行当時とまったく同様に、現在でもボウリング場はゲーム代収入に大きく依存しているのである。

すでに述べたように、ボウリングが大衆向けの種目となったきっかけは、一九六一年に自動式ピンセッターが導入されたことだった。これによって、従来のピンボーイの人件費が削減され、かつ設備操作のスピードが向上したことで、経営管理がしやすくなった。そればかりか採算が取れるようにもなったのである。(22) ボウリングというソフトは、経営的に非常に効率がいい事業へと変貌した。また、自動式ピンセッターの導入によるボウリング場の収益向上とは、すなわちレーン回転率の向上を意味するようになった。つまり、設備費や電気代などは固定費として計算されるため、ボウリング場の収益を向上させるには、一人でも多くの客に一ゲームでも多くプレーさせ、レーンの利用

表17　ボウリング場投資計画

	収益見込み	内訳
ゲーム料	129,600,000	80.9%
貸し靴	8,640,000	5.4%
食堂・喫茶	12,960,000	8.1%
売店	7,776,000	4.9%
予約料	1,296,000	0.8%
年間収入計	160,272,000	100%

（出典：吉本興業株式会社事業部「産業展望ボウリング」〔「経済人」1971年3月号、関西経済連合会〕64ページから筆者作成）

表18　産業全体の収入区分別の売り上げ（2015年度）

	売り上げ（百万円）	内訳
利用料金	15,711	81.9%
食堂・売店（直営）	1,128	5.9%
その他	2,333	12.2%
年間売り上げ高計	19,172	100%

（出典：前掲「特定サービス産業実態調査」から筆者作成）

率を向上させることが必要不可欠となったのである。

アメリカのボウリング場との比較

こうした回転率重視の経営施策は、一見自明のものと思われる。しかし実は、これは必ずしも普遍的なものではない。ボウリングの本場アメリカのボウリング場の収益構造と比較してみると、ゲーム代は収入全体の約五〇％にすぎず、残りは飲食物、プロショップ（用具販売）、コンピューターゲーム機、その他の付属物によってまかなわれていて、[23]特に飲食物収入は、一般的にボウリング場の収入全体の約三〇％をも占めている。[24]すなわち、確かにゲーム代収入が主要な収益源であるにせよ、日本と比べて飲食代による収入が収益の大きな柱になっていることがわかる。実際、アメリカにおけるボウリング場経営者団体である Bowling Proprietors Association of America（ＢＰＡＡ）は、「BPAA Foodservice」というウェブサイトを用意し、ハンバーガー、飲料、菓子などを販売するスタイルのボウリング場経営を推奨すると同時に、飲食物関連企業を各ボウリング場に紹介するサービスもおこなっている。アメリカでは飲食物収入を高めることで、ゲーム代収入に必ずしも依存しない収益構造を構築しているのである。

このような経営は、アメリカで主流なリーグ形式によるボウリング提供によって可能となった。リーグは、人々が定期的に集まって実施されるもので、年齢、性別、企業、教会、障害者など様々なカテゴリーで編成されている。ボウリング場経営者たちは、参加者の特性に合わせてリーグ開催時間を調整し、空きレーンを減らす工夫をしている。表19は、一九七三年から七九年にかけて、アメリカのあるボウリング場でのリーグゲーム数とオープンゲーム数を比較したものである。なおオープンゲームとは、日本によく見られるような、そのボウリング場に偶発的にやってきた客によるゲームのことである。これを見ると、リーグゲームは全体の六割以上を占めていて、アメリカのボウリング場がリーグによって顧客を安定的に確保していることがわかる。

表19　アメリカでのリーグゲームの割合

年	リーグ	オープン	合計	リーグ割合
1973	6,750	4,271	11,021	61.2%
1974	6,826	4,380	11,206	60.9%
1975	7,118	4,234	11,352	62.7%
1976	7,247	4,172	11,419	63.5%
1977	7,373	3,905	11,278	65.4%
1978	7,227	3,650	10,877	66.4%
1979	7,000	3,400	10,400	67.3%

（出典：前掲『余暇産業に関する調査研究』100ページから筆者作成）

リーグボウラーは様々な事務手続きをおこないながらプレーするため、試合終了までにかかる時間が長く、レーン回転効率が悪い。その代わりに、リーグボウラーたちが積極的に飲食をしているおかげで、飲食物の売り上げがレーン回転率の鈍化を補っている。ロバート・D・パットナムが指摘するように、「全米最大のボウリングレーンチェーンのオーナーによれば、リーグボウラーはソロのボウラーと比べて三倍のビールとピザを消費しており、そしてボウリングから得る金はビールとピザの中にこそあり、ボールやシューズの中にはない[25]」。つまり、飲食物収入こそがボウリング場の経営の根幹を担っているというのである。また「ブランズウイック社は、一九六五年度にボーリング・センター・オペレーション部を設置して、利益のあがらないアメリカやカナダのボーリング場百三十四センターを買収し、スナックバーや、レストランを兼営し、経営を再建して他に売却する方式をとっている」[26]という事例が示すように、ボウリング設備会社が飲食設備の設置に積極的に乗り出すケースも多かった。このようにアメリカのボウリング場は、レーン回転率向上を諦める代わりに、客の滞留時間を延長させ、飲食物を消費させることを選択したのである。

一方、日本のボウリング場の場合、その普及の初期から多くの客が訪れていた点が、アメリカでの普及との大きな差だった。すなわちアメリカの場合、昼間や夕方といった、利用者が少ない時間帯にレーンを埋めることが収益の向上のためには不可欠であり、その方策としてリーグを編成する必要があった。ところが日本の場合、若者を中心として普及の当初から昼夜問わずレーンが埋まっていたため、あえてリーグを編成して客を呼び込む必要がないどころか、むしろできるかぎり早く客をさばく必要があった。新聞紙上でもボウリングのマナーとして、「じん速さも心がけたい」「自分の順番がきたら、すぐ投球できるように、いつでも準備していることです」[27]などと、できるかぎり早く投球することが推奨されていた。このように、レーンの回転率を向上させることに経営上の主眼が置かれていて、一日一レーンにつき四十二ゲームの損益分岐点[28]に向けて、設備を効率的に稼動させていた。そのため、リーグを編成する必要がなく、飲食物売り上げに依存する必要がなかったのである。

こうして、流行期のボウリング場は「施設産業」となり、客に対するサービスは劣化していった。例えば、当時ボウリング場の経営者で、のちに日本ボウリング場協会理事となるO氏は「ボウリング場の親会社が証券会社だったものですから、私たち従業員は、営業でお客様に接する際には、失礼がないようにという態度、物腰を常に心掛けていて、それが自然と身に付いていました。ボウリング場の仕事に移ってからも、入場していただいたお客様には、必ずスタッフ全員で「いらっしゃいませ」と挨拶し、ゲームが終わって帰るときは「ありがとうございました。また、お越しくださ い」と言葉をかけて送り出し、それが当然のことだと思っていました。ところが、そのごく普通の挨拶に、お客様のほうが戸惑っていて、かえって恐縮しているんですね。それだけ、他のボウリング場ではきちんとした挨拶をされることもなく、お客として扱われていなかったんでしょうね[29]」と述べる。

以上のように、流行期のボウリング場は、客に対するサービスよりもレーンの回転率向上を主眼とする経営施策を取っていた。本場であるアメリカのボウリング場では、必ずしも施設の回転率向上だけを主眼とした経営をおこなっていたわけではなく、飲食物売り上げにかなりの比重を置いていた。これに対して日本のボウリング場は、とにかく人々に多くプレーさせることを経営面で最優先していて、飲食物収入には期待せず、ゲームによる収入に依存していた。こうした収益構造になったことで、流行当時のボウリング場にとっては、とにかくレーンの回転率を向上させることが最重要課題になった。それによって特別な経営のノウハウが不要となり、ボウリング場は「施設産業」と呼ばれるようになった。そして、ボウリング専門の企業でなくともボウリング場経営が可能となり、異業種企業が多く参入したことが、ボウリング場が非常に多く供給された重要な要因だったと言える。

4　種目の性格

ここまで、流行期の社会的背景と、当時のボウリング場経営のありようについて見てきた。具体的には、当時はレジャーブームが起こり、人々の間でレジャーへの欲求が高まっていたこと、スポーツをおこないたいという欲求を満たす施設がなかったこと、またそのような状況下で、ボウリングに無関係な企業までもがボウリング場を整備していき、それによって手軽にレジャー欲求やスポーツ欲求を満たすことができたことで、多様な人々がボウリングに参加してきたことを示した。

しかし、ここまででは、肝心のボウリングという種目の魅力が説明されていない。ボウリングは当時、どのような性格を有していたのだろうか。以下では、当時のボウリングの性格もまた、爆発的な流行の要因の一つと考え、その内実を見ていく。

すでに述べたように、日本におけるスポーツは、従来から体育として、つまり身体の教育として理解されてきた。それに対して当時のボウリングは、それまでのスポーツとはまったく異なる性格を有していた。その異質性こそが、スポーツにあまり参加してこなかった人々をボウリングに向かわせた重要な要因と考えられる。ここでは特に、金銭消費性とファッション性に注目して論を進めたい。これはごく平明に言えば、ボウリングが消費に価値を見いださせる仕組みを持ち、さらに競技性より見た目が重視されるような特徴を持っていたために、他者への「見せびらかし」になるという性格を有していたということである。

金銭消費性

すでに見たように、一九七〇年時点でのスポーツ市場規模は約三千八百億円だったが、このうちボウリング産業は約千九百億円と、全体のほぼ半分を占めていた（表4〔三二ページ参照〕）。ボウリング場はそのほとんどが民間企業によって建設されたものであり、典型的な商業施設だった。ボウリング場は六一年頃から都市部を中心に急速に増加していったが、そこでの主要な顧客は若者だった。一ゲーム二百五十円に貸し靴代とを合わせて「千円レジャー」と呼ばれていたボウリングは、決して安価な余暇活動とは言えなかった。例えば七〇年当時、東京都内での平均映画観覧料が約三百五十一円[30]だったことを考えると、この額は余暇活動の費用としてかなり高価だったことがわかる。にもかかわらず、二万円程度の当時の月給に対して一晩で五、六ゲーム程度プレーしたうえ、飲食をして二千円程度使うという生活をしているような若者も存在した[31]。ボウリングは金銭消費性の強い活動だったが、この時期には一レーンにつき一日当たり六十ゲーム程度プレーされていて[32]、ゲームをするために二時間待ち、三時間待ちは当たり前とまで言われていた。一回千円もかかるボウリングを、流行のピーク時には一人当たり年間平均で七回程度もプレーしていたのである。

当時のボウリングが金銭消費性を有していたことは、多くの研究が指摘している。これはボウリングという種目に内在する特性というよりも、ボウリング関連産業が利益を求めて意図的に付与したものと言える。例えば大橋美勝と江刺正吾は、国民生活の相対的向上、都市での運動施設の不足、国民の運動欲求の顕在化といった社会背景のなかで、スポーツ産業とマスコミ産業が経済的発想のもとに人々にはたらきかけたため、ボウリングは普及の当初からすでに商業的性格を持つものだったとしている。[33] また「ブームが、愛好者の増加を背景にしつつ、これを利潤の対象にしようとする企業やテレビにあおられる形で起きたものである[34]」「日本のボウリング場建設ラッシュは、(略)供給側の働きかけ、活発な売り込みがもたらしたものである。六二年頃から自動式ピンセッターが輸入され始め、経営効率のよさも加わって新余暇施設としてのボウリング場が注目されたが、それをリードしたのは大手商社である[35]」など、既存の多くの研究が、利潤を目的とした商社やマスコミなどの周辺産業がボウリングに金銭消費的特性を付与したことに着目している。

ファッション性

このような金銭消費性と同時に、当時のボウリングはファッションとしての特性も有していた。従来のスポーツは汗をかくため、服を着替えることが必須と考えられていたが、ボウリングは冷暖房が効いた屋内でプレーすることから、特に着替えを必要としなかった。そして、ボウリングをするための特有のファッションが編み出されていった。例えば図16は、当時の新聞記事で紹介されたボウリング用ファッションである。これは日本レイヨンが主催したボウリング用ファッションの発表会の記事で、そこにはファッションのポイントとして、「①玉《(ママ)》を投げるための手や背の運動量を考えて編むホール(ソデ付き線のカット)や背、わきに余裕を作り、伸縮性のあるニット生地を入れ②エリ先をとがらせて若さとスポーティーな味を見せ③足を長く見せるスラックスのくふう、たとえば丈を短くして足首を見せたり、足首につりヒモをつけて長さを感じさせるなど④ボーリングを象徴するマーク、柄などをつけるといった調子です[36]」といった点が挙げられている。①は競技上の優位性を確保するための特徴だが、②から④はいずれもボウリングのプレーとは本質的に無関係である。にもかかわらずこのような点を強調しているのは、当時の人々がボウリングをファッションとして消費していたことを示していると言えるだろう。

また図17は、この時期におけるボウリング場の代表的な広告である。上段は、あるボウリング場がボウリング雑誌に掲出した広告で、一面に華やかな服を着た女性の絵が掲載され、「Fashionable」の文字が付け加えられている。下段もまた、カラフルな装いの若い男女を前面に押し出している。そこには、「アベアップ[37]はファッションから／ただ投げればいいというものではないんだなァ、ボウリング／というものは。／スタイル、これを大切にしなきゃあー」というコピーが大きく挿入されていて、ボウリングにはファッション性が必要であることを直接的に訴えている。これらの広告は、ボウリング場へのアクセスや料金といった情報はほとんど省略し、ボウリングのファッ

図16　ボウリング用ファッションの紹介記事
（出典：「読売新聞」1963年10月23日付）

ション性の高さだけを強調する構成になっている。当時の雑誌におけるボウリング場の広告は、これらの広告に典型的に見られるように、そのほとんどが高いファッション性をアピールするものだ

図17　「ボウリングファン」誌における広告
（出典：上段は1971年8月号〔マスレジャー研究所〕、下段は1971年7月臨時増刊号〔マスレジャー研究所〕）

った。これは、ボウリングをプレーするうえでは本来最重要の項目ではないはずの要素を強調したものであり、ボウリング場の宣伝という本来的な役割が後景に退いた広告だったといえる。

このように当時のボウリング関連の広告はカラフルさやファッション性で覆われており、次第にボウリングという種目そのものがそうした特性を持つものとして語られるようになっていった。実際、当時の調査によると、人々にとってのボウリングに対する印象は、「派手な」「豪華な」「若い」「陽気な」といったものが多かった。(38)

派手さや陽気さのシンボルであり、流行を牽引した要因の一つが、当時一世を風靡した須田開代子、中山律子、並木恵美子らの女性プロボウラーだった。流行のピーク時には女性プロボウラーを前面に押し出したテレビ番組が制作されるようになり、一九七一年春頃には『レディズ・チャレンジボウル』（NETテレビ〔現・テレビ朝日〕）が約一七％、『ストライクボウル』（NETテレビ）が約一四％の視聴率を記録し、(39) ドラマ『美しきチャレンジャー』（TBS）は最高二七・二％の視聴率を記録した。ボウリング関連番組は、ゲームとゲームの間にコマーシャルを入れやすいことや、有名俳優が出演するドラマのような高い制作費が不要ということもあって、番組編成側にとって好都合だった。(40) また女性プロ第一期生の中山は「さわやか律子さん」のキャッチフレーズでテレビコマーシャルに出演し、ボウリングを全国へ浸透させる役割を担った。彼女は、一九七〇年に女性初のパーフェクトのスコアを出したことでも有名になり、このゲームがテレビで放映されたことも、ボウリングを社会現象にまで引き上げる一助になった。さらに中山は、東京タワーボウリングセンターの選手だったため、シャツには「東京タワー」の文字が記されていた。当時の東京タワーとは

図18　中山の投球を見つめるファンたち
（出典：前掲『中山律子の「この道」パーフェクトじゃない人生』29ページ）

都会性の象徴であり、中山が着たシャツを通じて、都会的なものとボウリングがリンクしていった[41]。

女性プロボウラーが果たした役割として重要だったのは、容姿がいい選手たちが当時流行のミニスカートを履き、視聴者に「見る楽しみ」を提供した点である[42]。女性ボウラーの演出は、ボウリングという種目に派手さや陽気さ、またはいかがわしさといった印象を付与し、それが新たな客層の開拓に対して重要な役割を果たした。テレビ番組の制作側もそれを戦略的におこなっており、中山らに続く女性プロボウラーを育成するなかで、こうした要素が強化されていった。やがて、女性プロボウラーはひざ上十センチのスカートを履くことが義務づけられるようになった[43]。番組制作側は、「スリルとお色気」によって高視聴率を稼いでいると認識していた。ボウリングのテレビ番組は、「ボウラーの技術、心理的なかっとうなどが一球ごとのスリルにつながって、へたなドラマよりよっぽどおもしろい」（NET運動部・小出プロデューサー）ものであり、かつ「まず技術がともなわなければどうしようもありませんが、ミニスカートのお色気も重要な要素」（TBS運動部・菊池プロデューサー）だったのだ。また毎日放送は、より徹底した戦略を用いていた。女性プロボウラーのなかから容姿がいい選手を見つけるのではなく、容姿がいい女性にボウリングの技術を習得させて、プロに育て上げるという方式を採用していた。(44) さらに東京都台東区のあるボウリング場は、女性プロの養成所を開講しており、そこでは「年齢十八歳から二十二歳までボーリングの〝経験がなく〟運動神経、社交性、教養そして容姿のすぐれたもの」を条件に選考して、元ファッションモデルなどの四人の女性に対して、報酬を与えながらトレーニングを課していた。(45) 番組制作にあたっては、普通のイヤリングはプレー中にはずれてしまうため、テレビに出演する際には当時まだ珍しかったピアスを着用したり、ゲームの合間にテレビ局側がメイクを直したりするといった演出をおこなっていた。(46) メディアでは、「いま、トップボウラーはサインを求める小、中学生に囲まれている。服装はカラフルになった。須田は森英恵と高田賢三デザインの服を着ている(47)」という記事に見られるように、スポーツ選手としての技量よりも、そのファッションに注目するような報道が多く見られた。女性プロボウラーがテレビのキラーコンテンツとなった背景には、ミニスカートや容姿といった要素が制作側から意図的に付与されるという戦略があった。

流行期のボウリングは、雑誌広告やテレビなどを通じて、従来のスポーツ観にまつわりついていた汗臭さや涙といった印象を引き剝がし、ファッション性や陽気さ、いかがわしさなどの印象を獲得することに成功した。重要なのは、これらはボウリングという種目に本来的に備わっているものではなく、ボウリング番組の作り手であるテレビ局やボウリング関係者らによって、意図的に作り出されたという点である。

「見せびらかし」の性格

このように、当時のボウリングは金銭を消費するという特性と、ファッション性という二つの性質を併せ持つものだった。こうした性質は、従来のスポーツにはあまり見られず、ボウリング特有のものだったと言える。そのため当時のボウリングは、そこに参加すること自体が周囲に対する「見せびらかし」となり、優越感をもたらす効果があった。例えば、「敏感な地方の若者たちがボウリングウェア姿で、ボウリング鞄をかかえ、マイカーを駆使するファッションが地方でも見られるようになった[48]」とあるように、都市部から始まったボウリングが地方部に広がっていく際には、こうした「見せびらかし」の効果が一定の重要性を持っていた。

ここで、金銭消費やファッションと「見せびらかし」の効果のつながりについて、消費社会論の視座から手短に説明しよう。ジャン・ボードリヤールは、生産されたモノが過剰にあふれるようになり、特定の商品が物理的なモノとして用いられるだけでなく、そのモノを消費することに特定の意味が付与されるようになった社会のことを、消費社会と呼んだ[49]。消費社会では、あるモノの有用性＝使用価値よりも、それ自体が持つ意味が重要な価値を持つようになる。例えば洗濯機は、単に衣服を洗浄するという使用価値だけでなく、権威や幸福といった意味を表現する価値をも有している。このように、消費社会でのモノの消費過程では、そのモノを消費することで他者との差異を顕示し、「見せびらかす」ことができるようになる。

消費社会では、単に物理的なモノだけではなく、時間や文化、余暇のような実体を持たない領域にも「見せびらかし」の価値が付与される。ボードリヤールは、特に工業社会での余暇について批判的に分析している。本来余暇とは、生産活動から自由になった非生産的時間のことである。ところが消費社会においては、例えば冷凍のジュースよりも液体のジュースのほうが、解凍にかかる時間を短縮できる点で高い価値を持っているように、時間そのものが価値を有するのである。こうして消費社会での余暇は、「あえて何もしない」ことが人々に対する「見せびらかし」になった。例えば日照時間が短い国においては、生産的価値を生まないバカンスを享受できることを誇示するという意味において、日焼けした肌に価値があった。

このように、余暇における「見せびらかし」の価値とは、本来不要なはずの要素を獲得することから生成される。そして当時のボウリングに参加することは、まさにこうした価値を得る行為だった。金銭消費的特性を強く有するボウリングを楽しむことは、合理的観点から見ればあくまで浪費にすぎなかった。実際、「あんなタマを二十投して三百円ナリ。ピンがいくら倒れたかで悲喜こもごも。どの角度からみても結論は「クダラナイ」。グラウンドか野原で砲丸投げを競った方がより健康的だ。（略）それが上達したところで有利な条件で就職、昇進の道があるでなし、ホントニクダラナイ(50)」と考える人々も存在した。健康や昇進といった生活上、また仕事上の視点から見たとき、ボウリングという行為はまさに「クダラナイ」ものだったと言える。しかし、であればこそ、そうした無駄に投資できるという点で、そこには「見せびらかし」の価値が付与されたのである。さらに、ボウリングにファッション性があるということも同じく、文字どおり他人に「見せびらかす」という価値を持つことだった。

以上のように、ボウリングの爆発的な流行に大きな影響を与えたのは、金銭消費性とファッション性に立脚した「見せびらかし」の性格だった。ボウリング場に設置された巨大なピンのオブジェや、マイボールとマイシューズを収納するバッグを抱えて歩く姿などは、一種のステータスシンボルとして機能していた(51)。そして重要なことは、金銭消費的特性もファッション性も、ボウリングという種目自体が本来持っていたものではなく、周辺産業が意図的に付与したものだということである。したがって当時のボウリングが有していた「見せびらかし」の性格もまた、意図的に作られたものと言うことができる。このように意図的に作られた性格は、すでに見てきたように、スポーツにあまり参加してこなかった層の人々を引き込む重要な要素となった。

女性の参加

当時のボウリングは金銭消費的特性とファッション性を有しているために、他人に「見せびらかす」ことができるという性格を持っていた。こうした性格に特に強く惹かれていたと考えられるのが、女性である。すでに述べたように、従来のスポーツには主に男性が参加していたが、ボウリングは女性のスポーツ参加を促進したという点で、日本のスポーツ史上画期的なものだった。このような背景から、以下では当時の女性のボウリング参加について、詳しく見ていく。

当時は男女間でスポーツ参加率に大きな差があった。「スポーツに関する世論調査」によれば、過去一年間のスポーツ参加率は、一九六二年には男性が五六・四％であるのに対して女性は三一・二％（二五・二ポイントの差）、六五年には男性が五八・八％であるのに対して女性は三六・七％（二二・一ポイントの差）、七二年には男性が六八・八％であるのに対して女性は五三・一％（一五・七ポイントの差）となっていた。この十年間で男女間の差は縮小したが、その一つのきっかけが、ボウリングブームだったのである。

まず、当時の女性全体のスポーツへの取り組みのなかで、ボウリングがどのような位置を占めていたのかを見ていく。表20は、一九六五年と七二年での女性の過去一年間の参加率上位五種目を示したものである。六五年に上位に位置していた海水浴（遊泳）とハイキングは七年間でほとんど参加率が変わらなかった一方、ボウリングと体操は参加率を大きく伸ばしている。体操は六五年の時点ですでにかなりの人気を集めていたが、ボウリングはこの七年間で突如登場し、大きな人気を集めた。また当時の調査では、東京都と大阪府の男性の六九・〇％がボウリング経験者だったのに対して、女性の経験率は四八・九％と、確かに男性よりも経験者の割合は少ないものの、半数近くの女性がボウリングを経験していた(52)。

表20　女性の過去1年間の参加率上位5種目

1965年		1972年	
海水浴	13.4%	ボウリング	22.6%
体操	11.0%	体操	21.1%
フォークダンス・民謡	10.8%	遊泳	14.3%
ハイキング	8.3%	バドミントン	10.4%
卓球	6.4%	ハイキング	8.7%

（出典：各年調査から筆者作成）

女性のボウリング参加率の高さの背景の一つに、女性プロボウラーの活躍があった。前述のように、当時の女性プロボウラーはボウリングのファッション性の象徴として理解されていったが、その一方で女性に対するスポーツの啓蒙という役割も果たした。当時の女性プロボウラーを育てたテレビ局関係者は、「女性はなかなか新しいものに手を付けないが、一度はじめると凝る傾向がある。女子プロがテレビで活躍するのを見て、私たちにもできそうだと始めた人が多いと思う[53]」と分析している。また、女性プロボウラー人気にあやかって制作されたテレビドラマは、当時のスポーツドラマ、スポーツアニメのなかでも異質なものだった。つまり、従来のスポーツ関連の番組内容はほとんどが男性を中心に描いているのに対し、ボウリング関連番組では主役の多くが女性であり、明らかに目立つものだった。こうした番組が作られたことで、女性がスポーツをすることへの抵抗感が薄れていったと考えられる。

そして実際、各ボウリング場は女性をターゲットにした戦略を取っていった。例えば図19は、当時の新聞に掲載されたボウリング場の広告である。このように女性を多く採用していて、ボウリングの主要なターゲットが女性である点を強調していた。その頃のスポーツ、あるいはパチンコなどの娯楽産業の主要な参加者が男性だったことを踏まえると、これらの広告は従来のスポーツやレジャーと比べて異質なものと言える。

さらに、女性のなかでも特に主婦に焦点を当てて集客を図ったボウリング場も多くあった。当時、増加しつつあった団地から送迎バスで団地内の主婦をボウリング場に運ぶといったサービスは、広く普及していた。当時の新聞記事は、以下のように伝える。

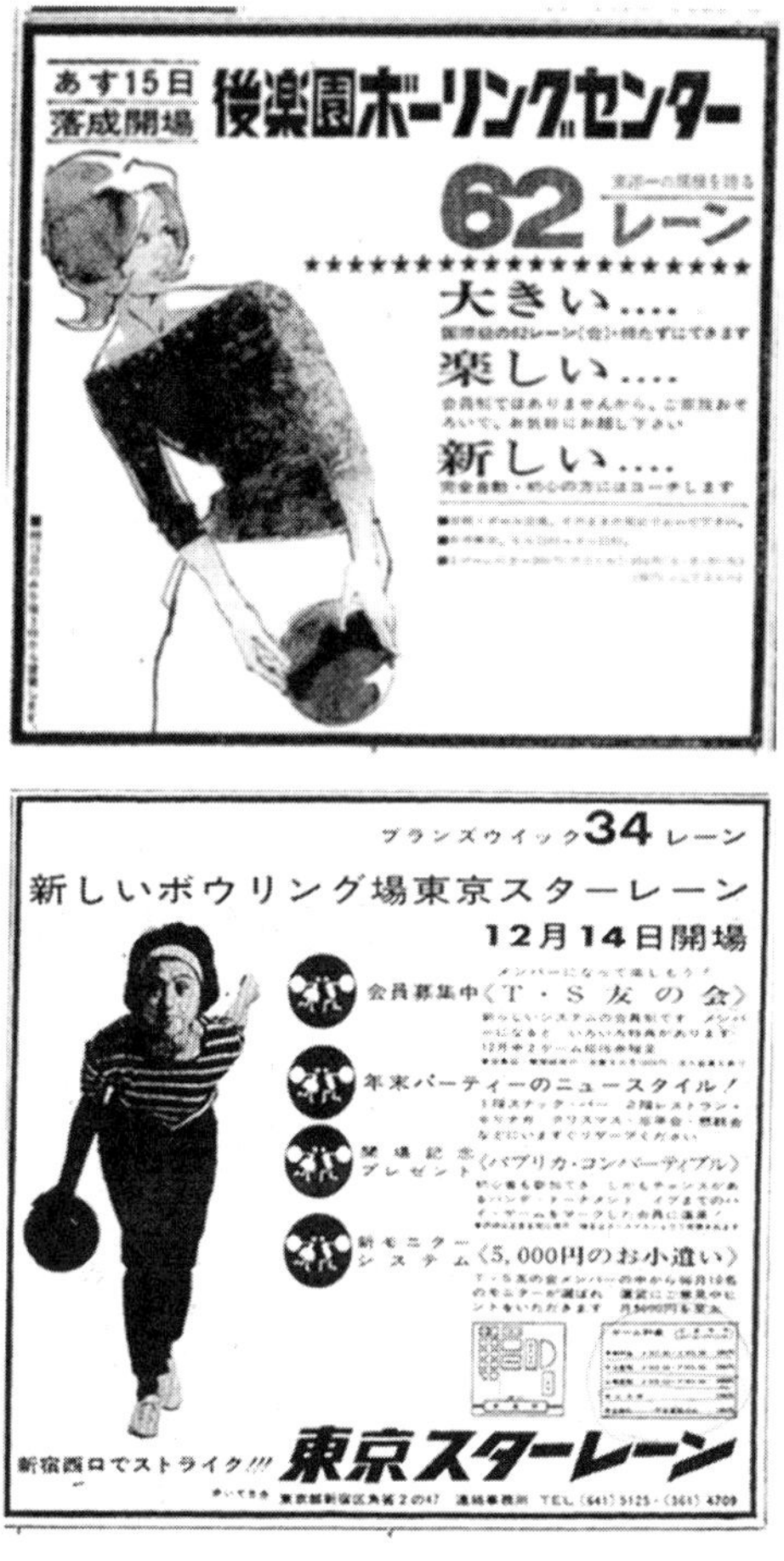

図19　新聞紙面における広告
（出典：上段は「読売新聞」1962年1月14日付、下段は「読売新聞」1963年12月7日付）

ママは二階でボーリング、小さな子どもたちは、一階の保育室で積み木遊びやすべり台。東京・池袋のHボーリング場でよく見受ける風景だが、このママ族の中には比較的団地の主婦が多い。東京・世田谷区・東経堂団地の主婦たちもここの常連で、毎週木曜日、午前中一時間半の球技を楽しんでいる。このママさんたちも〝ボーリングは風紀がよくない〟といった風聞をそのままうのみにしていたのだが、とにかく、ためしに一回行ってみただけで、すっかり認識を新たにした。美容体操のかわりにもなるというわけで、夫や子ども同伴でボーリング場に出かける愛好者まで生まれた。

しかし、団地の主婦をここまでひっぱってきたのは、バスで送り迎えまでするボーリング場の、主婦の立場に理解を示した〝たくましき商魂〟に負うところが大きいといえる。主人や子どもを会社、学校に送り出したあとの午前九時にバスで迎えにき、《(ママ)》子どもが学校から帰る午後一時前には、団地まで送りかえしてくれる。幼児のためには保育室もある。これが魅力となってHボーリング場には、いま十一の団地の主婦が大挙して出かけ、年に一回は団地対抗ボーリング大会が開かれるほどの盛況ぶりだという。(54)

このように、各ボウリング場は施設が埋まりにくい午前中の時間帯を、主婦の参加によって埋め合わせようとしていた。しかも、午前中は家事労働のなかで時間が比較的取りやすく、主婦にとっても好都合であった。当時のボウリング場は明確に主婦をターゲットとしていたからこそ、前述の図19の下段では、モデルのような女性というよりも、典型的な主婦の姿が描かれていたのである。また、当時の団地は都会的な新しさを象徴するものであり、その点でボウリングが有していたファッション性にも親和的だったと考えることができる。

以上のような主婦のボウリングへの参加は、ボウリングが持つ「見せびらかし」の性格にも支えられていたと考えられる。現に新聞記事は「家庭に三Cがあるかどうかよりも、隣の奥さんの知らない、マージャン、ボウリング、ビリヤードの遊び方を知っている。その方が優越感をくすぐる時代になってきた、と分析する社会学者がいる」[55]と、ボウリングが優越感の象徴になっていると指摘する。一九五〇年代の家電の「三種の神器」として知られる白黒テレビ・洗濯機・冷蔵庫は、特に家事労働の負担を軽減するという点で主婦の生活を一変させることに大きく役立ち、「カカア電化」などと呼ばれた。こうした「三種の神器」としての性格を引き継ぎ、六〇年代にはクーラー・自動車・カラーテレビの三つの耐久消費財が3Cと呼ばれ、注目を集めた。この3Cは、「生活や豊かになってきたことを自らに印象付け、納得させるために、そして自らの社会的な地位が平均的な豊かさのなかにいることを「見せびらかす」ことも購入の動機となって急激な普及が進んでいた[56]」ものだった。このように当時は、耐久消費財の購入が主婦の生活を一変させるとともに、他人に対する優越感を与えるものだった。そして、前述の新聞記事がボウリングを3Cと並列して挙げていることからも、ボウリングもまた耐久消費財と同様、「見せびらかし」の役割を持つものとして浸透していったと言える。特に3Cを購入できるほど裕福な家庭の主婦などは、こうした特性を持つボウリングに積極的に参加していたと考えられる[57]。

こうして、当時の女性はボウリングを通じてスポーツ参加経験を蓄積していった。女性プロボウラーが活躍していて親近感があったこと、ボウリング業界が女性をターゲットとして集客していたこと、そしてボウリングという種目に「見せびらかし」の役割があったことが、その背景にあった。

一般に、ボウリングブームは「熱しやすく、さめやすい日本人のあきっぽさを、まのあたり見る思いでもある[58]」などと、余暇の過ごし方に慣れていない当時の人々の狂騒として描かれることが多い。またこの現象に着目したスポーツ社会学の研究も、主に商業施設の急増に伴う弊害という観点から言及しているが(59)、女性のスポーツ参加を底上げした点については十分論じられてこなかった。確かにボウリング場という民間施設の経営上の戦略、商業主義に女性が「利用」されたという点も見逃せないが、それまでスポーツ施設を思うように利用できなかった女性たちにとってのボウリングブームの意義は、過小評価されるべきでないだろう。ボウリングブームは、スポーツ社会学の視点から見れば、女性のスポーツ参加を促したという意味で重要な現象だったと言える。

5　本章のまとめ——スポーツに積極的でなかった人々の参加

本章では、一九六〇年代半ばから七〇年代初頭におけるボウリングブームを様々な側面から考察してきた。当時のボウリングは、従来からスポーツに積極的に参加していた層はもちろんだが、そうでなかった層、例えば女性（主婦）なども積極的に参加した点に特徴があった。それを可能にした要因としては、レジャーブームが起こったことやスポーツ施設が不足していたという社会的背景、ボウリング場が「施設産業」と呼ばれ、多様な企業がボウリング場事業に参入したという企業経営の側面、そして当時のボウリングが金銭消費的特性とファッション性に由来する「見せびらかし」の性格を有していたことが挙げられた。

こうした点を踏まえ、次章では、ボウリングが幅広い人々に受け入れられていく具体的なプロセスを見ていく。特に、当時の人々にとって、ボウリングとはどのようなものとして受け入れられていたのかに着目して、普及の様子を見ていこう。

注

(1) 前掲『余暇産業に関する調査研究』一六二ページ
(2) 同書一六二ページ
(3) 以下では表記上の便宜のため、「一九六五年調査」や「各年調査」などと表記する。各調査の対象となる母集団は、一九六五年調査が全国の十八歳以上の者、七二年調査が全国の二十歳以上の者であり、サンプル数はいずれも三千人だった。また、サンプル抽出方法はいずれも層化二段無作為抽出法であった。そして両調査の回答者数と回収率は、六五年調査が二千四百六十九人（八二・三%）、七二年調査が二千五百二十九人（八四・三%）であった。このように、両調査は母集団に多少のずれがあるが、サンプル抽出方法が同一で、またサンプルのサイズがほぼ同等であることから、調査間での比較は可能と考えられる。
(4) 文部省体育局『社会体育実態調査（中間報告）』一九七〇年、四ページ
(5) 「朝日新聞」一九七〇年七月十日付
(6) 「朝日新聞」一九七一年二月二十八日付
(7) 「朝日新聞」一九七二年三月十三日付
(8) 「朝日新聞」一九七二年十月十一日付
(9) ここで示した数値は、労働者三十人以上の事業所における全産業の平均。一九六九年以前はサービス業を含まない。

(10) 全世帯を対象とし、農漁村家は含まない。
(11) 前掲『社会体育実態調査（中間報告）』四ページ。なお、二〇一五年の全国の施設数は十九万千三百五十六である（前掲「体育・スポーツ施設現況調査」）。この数字と比べると、当時の施設数はかなり少なかったと言える。
(12) 前掲『社会体育実態調査（中間報告）』三一ページ
(13) 文部省調査局統計課『社会教育調査報告書』文部省、一九六三年
(14) 総合博物館、科学博物館、歴史博物館、美術博物館、野外博物館、動物園、植物園、水族館の合計。
(15) 河内正広「爆発するレジャー」、石川弘義編著『余暇の戦後史』（東書選書）所収、東京書籍、一九七九年、二〇二ページ
(16) 前掲『余暇産業に関する調査研究』一五三ページ
(17) 「読売新聞」一九七一年十一月八日付夕刊
(18) 「読売新聞」一九七六年十二月十五日付
(19) 「読売新聞」一九七二年一月二十七日付
(20) 前掲「年別全国センター数・レーン数の推移」と前掲『余暇産業に関する調査研究』から筆者算出。ちなみに最大平均レーン数は、一施設当たり三十二・七（一九七二年）だった。
(21) この試算はボウリング設備メーカーの資料提供によって作成されたもので、当時のボウリング場の収支状況を反映するものとして適切だと考えられる。
(22) 自動式ピンセッターの導入によるメリットを、自動式ピンセッターが普及した一九七〇年の基準に換算して試算してみたい。五二年に開業した東京ボウリングセンターは、ピンボーイを一人当たり月額約一万円で雇用していた（前掲『三十年の歩み』二七ページ）。これに対して、七〇年における娯

楽接客員の平均給与は月額約三万八千百円（労働大臣官房労働統計調査部『賃金センサス』第四巻、労働法令、一九七一年）であり、単純計算で賃金水準が約三・八倍に向上したことがわかる。そして東京ボウリングセンターは、二十レーンに対してピンボーイを五十人雇用していたので、一レーン当たりの人件費は、当時の水準で月額五十万円÷二十レーン＝約二万五千円、七〇年水準で二万五千円×三・八＝約九万五千円であった。これに対して自動式ピンセッターは、七〇年の時点で一基約二百七十万円、耐用年数約二十五年であった（北原正夫、日本長期信用銀行産業研究会編『レジャー産業』〔「未来産業」第五巻〕、東洋経済新報社、一九七〇年、二〇六ページ）。このことから、約二十五年間利用できる自動式ピンセッターは、二百七十万円÷九・五万円＝約二十八・四カ月で償却可能だったと言える。すなわち、自動式ピンセッターはピンボーイ約二年半分の費用で二十五年間利用でき、さらにピンボーイ以上に正確なピンのセットや管理の容易さという価値をもたらしたのである。

(23) アメリカのボウリング場マネジメントサイト「Bowling Management.com」を主宰していたポール・クレインズ氏に対する電子メールによる調査（二〇〇八年五月五日受信）から。クレインズ氏は、かつてアメリカでプロボウラーとして活躍し、現在はボウリング場経営や講師、文筆業などをなりわいとしており、アメリカのボウリング産業界でもっとも尊敬される人物の一人と言われる。

(24) アメリカにおける大手ピザチェーンのカリフォルニアピザキッチンＣＥＯ、フレッド・ヒップ氏のインタビュー記事から（"Bowling for F&B dollars: Fred Hipp uses his restaurant experience to raise the food profile at AMF Bowling"〔http://www.highbeam.com/doc/1G1-128708759.html〕［二〇一七年七月三十一日アクセス］）。

(25) ロバート・Ｄ・パットナム『孤独なボウリング――米国コミュニティの崩壊と再生』柴内康文訳、柏書房、二〇〇六年、一三〇―一三一ページ

(26)前掲『レジャー産業』一二八ページ
(27)「朝日新聞」一九六九年一月三十一日付
(28)ボウリング場間の競争がもっとも激化していた一九七二年時点での数値(レジャー産業資料編集部「最新都道府県別全国ボウリング市場の徹底的分析」「レジャー産業資料」第五十八号、日本エコノミストセンター、一九七二年、一八六ページ)。
(29)山田一廣『復興への狼煙――ボウリング業界光と影』如月出版、二〇一一年、九二―九三ページ
(30)前掲「小売物価統計調査(動向編)調査結果」
(31)「読売新聞」一九六四年一月二十七日付
(32)前掲『余暇産業に関する調査研究』一六二ページ
(33)大橋美勝/江刺正吾「国民スポーツ文化形成への道」、影山健編著『国民スポーツ文化』(「シリーズ・スポーツを考える」第二巻)所収、大修館書店、一九七七年
(34)等々力賢治「「健康ブーム」とスポーツ」、中村敏雄/出原泰明/等々力賢治ほか『現代スポーツ論――スポーツの時代をどうつくるか』所収、大修館書店、一九八八年、一三〇ページ
(35)中藤保則「余暇産業と余暇消費」、瀬沼克彰/薗田碩哉編、日本余暇学会監修『余暇学を学ぶ人のために』所収、世界思想社、二〇〇四年、一二〇ページ
(36)「読売新聞」一九六三年十月二十三日付
(37)アベレージアップ、すなわち平均得点を向上させるという意味。
(38)『ボウリング・リポート 一般編・経営者編 データ'72』アド・リサーチ、一九七二年、三四ページ
(39)「読売新聞」一九七一年三月十日付
(40)「朝日新聞」一九七一年十二月二十日付

(41) 前掲『復興への狼煙』七七ページ
(42) 松田義幸／斎藤精一郎『レジャー産業』(「新産業シリーズ」第十五巻)、東洋経済新報社、一九八〇年、一六七ページ
(43) 前掲『復興への狼煙』四六ページ
(44) 「読売新聞」一九七一年三月十日付
(45) 「読売新聞」一九六九年五月十五日付
(46) 「朝日新聞」一九七一年十二月二十日付夕刊
(47) 同紙
(48) 前掲『三十年の歩み』二七三ページ
(49) ジャン・ボードリヤール『消費社会の神話と構造』今村仁司／塚原史訳、紀伊国屋書店、一九九五年
(50) 「読売新聞」一九七二年四月二日付
(51) 見田宗介『まなざしの地獄――尽きなく生きることの社会学』(河出書房新社、二〇〇八年) は、ボウリングブームが起こらんとしている当時の社会を舞台に、青森県から東京都に上京してきた永山則夫元死刑囚が、「都市のまなざし」によって自らのアイデンティティを否定的に意味づけられたことの苦悩を描いている。永山は、背広やネクタイに身を包むことで田舎出身という過去を覆い隠そうとし、また高校の夜間部に入学することで中卒というスティグマを払拭しようとした。こうした態度はいずれも、あこがれであった「別世界」としての都市部に入り込むためのものだった。その永山は、初めての射殺事件を起こす直前に、池袋、新宿、渋谷といった繁華街をさまよったあとに、ボウリング場でボウリングをプレーする若者を見物し、最後に東京プリンスホテルに迷い込んだ。永山にとっ

て、ボウリング場とは、繁華街や東京プリンスホテルなどと同様に、あこがれの都市を象徴する施設だったと言える。この事例だけから一般化することはできないが、このエピソードも、ボウリングが当時、若者たちにとって一種のステータスの象徴だったことを物語っている。
(52) 前掲『ボウリング・リポート 一般編・経営者編 データ'72』二二ページ
(53)「読売新聞」一九七一年五月二十七日付
(54)「読売新聞」一九六五年四月十八日付
(55)「読売新聞」一九七〇年九月十三日付
(56) 武田晴人『高度成長』(岩波新書「シリーズ日本近現代史」第八巻)、岩波書店、二〇〇八年、一〇八ページ
(57) 現実的には、ボウリングに参加できたのは比較的裕福な主婦であり、参加したくてもあまりできなかった主婦も多くいたと考えられる。ここで言及できたのは、主婦のうちのごく一部の層についてだけである。こうした主婦層内の階層性については、データの制約上明らかにできなかった。
(58)「朝日新聞」一九七四年十二月二十一日付
(59) 尾崎正峰「スポーツの産業化と生涯スポーツ」「一橋論叢」第百五巻第三号、一橋大学、一九九一年

第３章　関連団体によるイメージをめぐる駆け引き

前章では、爆発的なボウリングブームの背景に、当時の社会環境やボウリング場経営、そしてボウリングの性格といった要素があったことを説明した。次に課題となるのは、ボウリングが人々に受け入れられていく具体的なプロセスを明らかにすることである。その際のキーアクターとして注目したのは、当時ボウリングのイメージを様々な方向に誘導していたボウリング関連団体である。本章では、それらの団体が何を意図してボウリングの普及をおこない、そこにどのような葛藤があったのかを明らかにする(1)。

1　ボウリング関連団体

当時のボウリングの普及を推進した主体として着目したのは、この種目の普及の方向性を決定づける役割を果たしていた、当時のボウリング関連団体である。特に、ボウリング競技者団体である全日本ボウリング協会[2]（以下、ＪＢＣと略記）と、ボウリング場経営者団体である日本ボウリング場協会[3]（以下、日場協と略記）の二団体は、当時のボウリング普及の方向性を決定した主体として、きわめて重要な役割を果たしていた。のちに述べるように、ボウリングはその普及の過程で様々な社会的障壁に直面したが、これらの団体はボウリングという種目のイメージを誘導することによって、そうした障壁を乗り越えていった。ここで言うイメージとは、ボウリングは〈スポーツ〉だ、あるいは〈レジャー〉だというものである。以下では、ボウリングという種目が持つイメージの揺れという点を軸に、当時のボウリングが直面した諸問題とその対応を分析する。

ＪＢＣは現在、日本体育協会（以下、日体協と略記）に加盟するボウラー団体であり、ボウリングの発展に主導的な力を発揮してきた。この団体は、ほかのスポーツ競技団体で言うところの日本陸上競技連盟や、日本サッカー協会などに相当する。ＪＢＣの原型は、一九五三年に社会人のボウリング愛好家の集まりとして結成された社会人ボウリング連盟で、五五年に日本ボウリング連盟へと改称された。そしてボウリング人気の高まりを受け、社会人も学生も含むボウラーの全国組織として、六四年に文部省を管轄省庁とする財団法人全日本ボウリング協会が誕生した。現在では、アマチュアボウリングの普及と振興を図るとともに、アジア競技大会や世界ボウリング選手権大会などに日本代表を派遣している。

ＪＢＣが目指したスポーツ像は、日体協への加盟やアマチュアリズムに特徴づけられる。ＪＢＣは、ボウリングを野球や相撲などに類似した種目として捉える立場を取っていて、日体協へ加盟することでボウリングを名実ともに健全なアマチュアスポーツとして普及させることを悲願としていた。のちに見るように、流行初期のボウリングは不健全なものとして認識されていたため、JBCはそうした社会的な印象を取り除き、より健全な種目であることを訴えるために、様々な制度改革や国民体育大会（以下、国体と略記）競技化運動などの活動をおこなった。こうした活動を続けるJBCが目指すボウリング像は、例えば競技記録の公認権へのこだわりという点に現れていた。ボウリングはゴルフなどのスポーツ同様に記録が残るものである。その記録は、世界中どこのボウリング場でも同じ規格の設備が提供されていることで、初めて普遍性が担保される。したがって、普遍性がある公平な記録を提供するためには、国際柱技者連盟[4]（Fédération Internationale des Quilleurs）と連携しているJBCこそが設備の公認権を持つべきであり、商業的な団体である日場協にそれはふさわしくないという立場を取った。アマチュアリズムや競技記録の普遍性を強調するようなJBCが持っていたスポーツ観を、以後、当時の資料における表現から引用して「純粋スポーツ」[5]と呼ぶことにする。

一方の日場協は、ボウリングという種目に独特の団体である。ボウリング場のほとんどは民間施設であり、各施設には利益を目的とした経営者が存在する。こうした民間のボウリング場の経営者たちが集まって作られた組織が、日場協である。あくまでもボウリング場の統率を図ることが目的であり、その点がボウラー団体であるJBCとの違いである。後述するように、流行初期の各ボウリング場は規制を受けることなく自由な経営をおこなっており、なかには不健全な方針のボウリング場も多く存在した。しかし一九六三年に風営法問題に直面し、法律による規制が及びそうな事態に発展すると、より健全な経営を意識するようになった。その際に、業界内での連携が不可欠だという合意が形成され、六五年に社団法人日本ボウリング場協会が発足した。

日場協は、ボウリングを「純粋スポーツ」として普及させることには消極的だった。ボウリング場経営者たちにとっては、ボウリングという種目が真面目で金銭の消費を抑えるような性格を有していると、一定の利益が確保できなかったからである。日場協は、パチンコや麻雀のような娯楽産業に類する形での普及にも賛成はしなかったが、ＪＢＣが推進するような「純粋スポーツ」としての普及にも賛同しないという立場を取った。そこで、ボウリングを、健全でありながらも、適度な金銭消費の特性を持つ種目として普及させることを志向していた。以後、日場協が志向したスポーツ観を、当時の資料で使われた表現を用いて「社会スポーツ」[6]と呼ぶことにする。

本章では、複数の主体によってボウリングのイメージが様々な方向に誘導された様子を論じていく。その異なる方向性を簡潔に表現するために、ボウリングを「純粋スポーツ」や「社会スポーツ」に誘導しようとする志向性を「〈スポーツ〉化」、パチンコなどと同様の不健全な娯楽に誘導する志向性を「〈レジャー〉化」と呼ぶことにする。すでに述べたように、スポーツにもレジャーにも、その中心には遊戯性がある。しかし、〈スポーツ〉化とはあくまでボウリングの競技のなかに楽しみを見いだそうとし、競技外での様々な施策を取ることに消極的な姿勢を意味する。一方の〈レジャー〉化とは、飲食の提供や演出などの形で、競技の外での楽しみを高めようと考える方向性である。

なお、以下では娯楽という語が頻出するが、本書でのこの概念の扱いは次のようなものである。

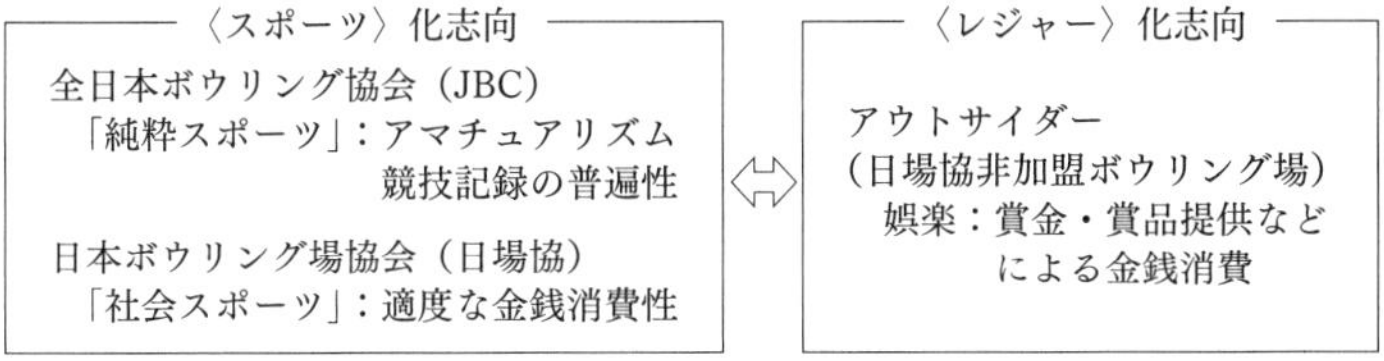

図20　流行期の関連団体の関係性
（出典：筆者作成）

一般的に娯楽という言葉は、遊戯に近い概念として理解される。スポーツやレジャーの中心的価値は遊戯性であることから、スポーツやレジャーの中心には娯楽性があるとも理解できる。ただし本書で娯楽という言葉を用いた場合には、そうした価値的な意味ではなく、より具体的な業種を指す。パチンコや麻雀のような射幸心を煽るような産業、あるいは「トルコ風呂」のような産業は、一般的に娯楽産業と呼ばれる。そこで、例えば筆者が「ボウリングは娯楽として認識されていた」のように表現する際には、ボウリングの本質的価値に娯楽性があるという意味ではなく、パチンコや麻雀のような娯楽産業と同種のものとして認識されていたことを指す。本書での〈レジャー〉化は、こうした娯楽産業と同様に、遊戯性を包み隠さず強調し、人々の金銭消費を促すような志向性を意味する。

以下では、流行期のボウリングが直面した様々な問題と、その問題への両団体の対応、その後に続く両団体の駆け引きなどを整理していく。そしてその経緯を、ボウリングが〈レジャー〉のイメージに流れていった時期（―一九六三年）、〈スポーツ〉のイメージに流れていった時期（一九六三年―七一年）、そして両団体が対立しイメージが動揺した時期（一九七一年―）の三期に分け、両団体の対抗・協調関係を軸としてボウリングブームの内情を明らかにしていく。

2 〈レジャー〉化の時期（―一九六三年）

そもそもボウリングという種目は、輸入された時期からスポーツなのかどうかが曖昧なものだった。一九五二年に初めて民間ボウリング場が建設された際、東京都はこれに対する課税をどの法令に基づいておこなうかを検討したが、適当な法令が存在しなかった。そこで東京都は、自治省の意見を仰ぐことにした。だが、自治省としてもこのような施設は初めてのケースであり、まだボウリングの実態も明らかではなかったため、検討は難航した。結局、そのときはひとまずアイススケートに準じるものと結論づけている。当時、アイススケート場は主要都市に十数カ所存在し、施設が徴収する滑走料と貸し靴料にそれぞれ一〇％課税されていた。そこで東京都は、ボウリング場でもゲーム券と貸し靴券に対して課税するようになった。

しかし、一九五三年にはアイススケートの貸し靴に対する課税が撤廃された。マイシューズを持つ人や、場外での貸し靴屋が増加するにつれて、場内の貸し靴に対して課税する意味が薄れていったからである。この措置に伴い、ボウリングでも貸し靴への課税が撤廃された。さらに五七年には、アイススケートが大衆的スポーツとして認められ、ゲーム券に対しての課税が撤廃された。この流れからすれば、ボウリングでもゲーム券に対しての課税が撤廃されそうなものだったが、そうはならず、依然として課税されたままだった。それはおそらく、この時期のボウリングはまだほかのスポーツに類するものではないと考えられたからだろう。[7]当時の新聞に、文部省体育局長が「深夜のボーリングが健全なスポーツであるかどうか…わたしにもきめかねます」[8]と述べていたり、七〇年代に入っても「ボウリングがスポーツか、単なる娯楽か、いまだに議論があるところだ」[9]などと書かれていることから、当時のボウリングには社会的立ち位置についての合意がなかったことがわかる。

ともあれ、この時期にゲーム代の課税を撤廃できなかったことが、のちのちのボウリング場産業の大きな足かせとなっていく。一九六一年の時点で、東京都内のボウリング場では外形課税方式で一レーン当たり二万円の税金が課せられており、この負担がボウリング場の経営を圧迫していくことになる。そして六五年、自治省は地方税法第七十五条の一部を改正する法律案を議会に提出し、そのなかで、ボウリング場を娯楽施設利用税[10]の対象に加えることが可決された。こうして、映画館やパチンコ店などの娯楽施設に課せられていたこの税が、ボウリング場にも正式に課せられることになったのである。

ボウリングがスポーツなのかどうかという議論は、課税の問題において最初に表面化したが、のちに様々な局面で議論されることになっていく。

一九六一年に自動式ピンセッターが導入され、一気にボウリング場が増加すると人気に火がついた。殺到する客の増加をさばききれないボウリング場は、設備を酷使し、営業時間を延長し、待ち時間用にゲーム機などの娯楽設備を増設することで対応した。また、ボウリング場間の競争が厳しくなるにつれて、パーフェクトを出した者に賞金や賞品を提供するボウリング場も増えていった。

その賞品は、電化製品一式、アメリカ旅行、自家用車、モーターボートなど、非常に豪華なものだった。

こうした施策に対して社会的な批判も増えていった。高価な賞品は射幸心を煽るものである、スポーツであるはずなのに深夜になってまでプレーしているのはおかしい、ボウリング場が青少年の非行の温床となる、といった批判である。待ち時間用設備が青少年たちを引き付けたことも、ボウリングの不健全なイメージを強めることにつながった。また、パーフェクトの賞品に瓶ビールを提供したり、場内にスナックバーを併設したりするボウリング場も現れるなど[11]、未成年がアルコールを飲むことのできる状況が整っていった。より深刻なケースでは、多くの外国人が集まるなかで闇物資の横流しがおこなわれたり、賭けボウリングをおこなう者もいた。こうした背景から、警察の取り締まりが次第に厳しくなり、青少年に悪影響がある〈レジャー〉というイメージが広がっていく。さらに一九六三年には、翌年にオリンピック東京大会開催を控え、社会環境浄化の必要性が一層叫ばれるようになった。「トルコ風呂」や深夜喫茶などは、それまでも風営法の取り締まり対象だったが、その法律を改正し、取り締まりの対象を拡大する動きが見られた。そのなかで社会的イメージが次第に悪化してきたボウリングを取り締まりの対象とすべき、という論調が目立ってきた。

現在では、例えばビリヤードやダーツなど、〈スポーツ〉と〈レジャー〉の中間的イメージを持つ種目が普及しているが、当時のボウリング関係者たちは〈スポーツ〉と〈レジャー〉を明確に区別していた。当時の〈スポーツ〉とはすなわち、野球や相撲のような「純粋スポーツ」を意味していた。それは、日体協に加盟する団体が管轄し、学校体育や社会体育の一環としておこなわれるような活動である。これに対して〈レジャー〉とは、風営法で規制されるような風俗営業、すなわちパチンコや麻雀といった射幸心を煽る営業、もしくは「トルコ風呂」やヌードスタジオのような不健全な営業をおこなう娯楽施設での活動を意味していた。ボウリング場が風営法の適用を受けるということは、これらの娯楽産業と同等と見なされ、広告、営業時間、料金、客層などの面で規制され、また娯楽施設利用税のような税金が課せられることを意味していた。そして、そうした規制に見合うだけの利益を獲得するためには、賞金・賞品提供や深夜営業などで人々の金銭消費を煽る必要があった。このような状況下にあって、ボウリング場は、パチンコなどと同様の〈レジャー〉施設として発展していくか、それとも健全な〈スポーツ〉施設として発展していくかの岐路に立たされることになったのである。

3　〈スポーツ〉化の時期（一九六三―七一年）

一九六三年の秋頃から、警視庁保安課が東京都内のボウリング場の視察をおこない、その結果、「ボウリング場の雰囲気は不良化し、賞品、その他は豪華すぎて、射幸心を著しくそそっている」(12)と判断された。警視庁はボウリング場側に深夜営業の自粛や、賞品の簡素化を求めたが、これに対してボウリング場経営者たちは、ボウリング場は健全な〈スポーツ〉の場であり深夜に営業しても差し支えない、パーフェクトゲームはそう簡単に達成できるものではないのだから、豪華な商品を用意しても問題ない、などと当初は反発していた。だが警視庁の圧力が強まると、ボウリング場側が折れ、自主規制をおこなうことになる。六三年十二月には東京都・千葉県・神奈川県のボウリング場支配人が集まり、六四年一月から営業時間は夜中十二時までとする、夜十一時以降は場内でアルコールを販売しない、夜十一時以降は未成年者入場禁止、賞金や賞品の授与を禁止するといった自主規制を設けた。[13]「営業時間、賞品、未成年」を柱とする原則は、自粛三原則と呼ばれた。こうした経営者たちの自助努力のかいもあり、国家公安委員長が「ボウリング場は全国で五十七カ所あるが、深夜営業は東京などの数都市だけで、公安委員会としては行政指導で深夜営業をやめるよう自粛を要望している。現在では自主規制もあって東京の場合、新宿で一〜二カ所が深夜営業をしているにすぎず、今後とも行政指導で善処したい」と発言するにいたり、六四年にボウリングは風営法適用を免れることができた。[14]ただし、これは付帯決議付きの決定であり、ボウリング場が今後再び風営法の対象になる可能性は残されていた。

このような風営法問題に関する関東のボウリング場経営者の集まりが、一九六五年の日場協発足につながった。さらに同年には、ボウラー団体であるJBC、経営者団体である日場協、設備メーカーの三者によって、日本のボウリングに関する最高協議機関である日本ボウリング協議会（以下、NBCJと略記）が設立された。NBCJは、娯楽施設利用税や風営法問題などについて取り組み、ボウリングが健全な〈スポーツ〉であることを積極的に広くアピールしていくことが主な活動内容となった。当時のボウリング関連団体は協調し、〈レジャー〉ではなく、〈スポーツ〉の方向性を志すことになったのである。

ＮＢＣＪは、パチンコや麻雀などのように射幸心を煽る不健全な〈レジャー〉ではなく、健全な〈スポーツ〉だと主張することで、ボウリングに対する社会的信頼を高めようとした。具体的には、ＪＢＣの日体協加盟運動や、娯楽施設利用税撤廃運動などを展開した。またＮＢＣＪは、ボウリング場から不健全な要素を排除しようとした。アルコールはもちろん、過度な飲食施設を持つボウリング場は日場協に加盟させず、長時間の営業も規制された。大会の賞品もトロフィー程度に制限された。だが、ＮＢＣＪによる〈スポーツ〉化に関する施策はあくまで紳士協定にすぎず、明確な罰則規定も存在しなかったため、順守しない経営者も多数存在した。日場協に加盟しないボウリング場の経営者はアウトサイダーと呼ばれ、独自に不健全な経営をおこなっていた。アウトサイダーたちは深夜営業や賞金・賞品の提供を続け、若者たちを引き込み、多くの利潤を獲得していった。アウトサイダーの数は、流行のはじめにはボウリング場全体の一〇％程度にとどまったため[15]、数としてはさほど大きな影響力を持つことはなかったが、それでもスポーツなのに深夜営業をおこない、豪華な賞品を提供するといった経営スタイルは、警察や人々の注目を集めた。このように、ＮＢＣＪがボウリングを〈スポーツ〉として普及させるという方向性は決まったものの、ボウリングを不健全なものと見なすような社会的風潮は依然としてくすぶり続けたのである。

アウトサイダーによる深夜営業や賞金・賞品提供の実態を受け、一九六五年には、ボウリング場に対する風営法適用議論が再び巻き起こるようになった。こうした動きを受けてＪＢＣは緊急会議を開き、深夜十一時以降の営業を停止することと、それ以降も営業するボウリング場にはＪＢＣ加盟ボウラーは立ち入ってはならないとすること、の二点を日場協に申し入れる決定をし、風営法適用を再度免れるよう署名活動をおこなった。これに日場協も呼応し、同年九月一日にはＮＢＣＪの川島正二郎総裁が、ボウラー側だけでなくボウリング場側からもボウリングの健全性をアピールするべく、自粛三原則を徹底し、またボウラー数に合わせて適切な施設数を配置するよう努めると声明を発表した。さらにＮＢＣＪは、風俗営業等調査小委員会に対して風営法適用反対を強く訴え続け、九月二十八日の調査小委員会で風営法の適用を見合わせる旨が発表された。

　こうしたＮＢＣＪ主導のボウリングの〈スポーツ〉化の成果は、産業分類の推移を見てもわかる。図21は、『日本標準産業分類』による、ボウリング場の分類の推移を示したものである。一九六七年版では、ボウリング場は「娯楽業（映画を除く）」内の「遊技場」に位置づけられていた。同じく「遊技場」に

『日本標準産業分類』1967年版
大分類L-サービス業
├─…
├─79 …
└─80 娯楽業（映画を除く）
　　├─805 運動場
　　│　：体育館、スケートリンク、水泳プール…
　　└─807 遊戯場
　　　　：ダンスホール、玉突き場、囲碁将棋所、
　　　　　パチンコ屋、ボーリング場…

『日本標準産業分類』1973年版
大分類L-サービス業
├─…
├─79 …
└─80 娯楽業（映画を除く）
　　├─805 運動場
　　│　：運動競技場、体育館、ゴルフ場、ボウリング場…
　　└─807 遊戯場
　　　　：ダンスホール、ビリヤード場、
　　　　　囲碁将棋所、ぱちんこホール…

図21　『日本標準産業分類』によるボウリング場の位置づけの変化
（出典：行政管理庁統計基準局編『日本標準産業分類』第1巻〔全国統計協会連合会、1967年〕と行政管理庁行政管理局統計主幹編『日本標準産業分類』〔全国統計協会連合会、1973年〕から筆者作成）

位置づけられていたのは、まだいかがわしいイメージもあったダンスホールやビリヤード場、パチンコ店などだった。しかし七三年版になると、ボウリング場は「娯楽業（映画を除く）」内の「運動場」へと移ることになる。ここには運動競技場や体育館、ゴルフ場などが分類されていて、ボウリングは少なくとも産業分類上では〈スポーツ〉に位置づけられることになったのである。

こうしてひとまず〈スポーツ〉への方向性を定めたＮＢＣＪだったが、普及の過程で様々な問題が噴出した。それは主に、レーンの過密化問題、ＪＢＣと日場協の間でのレーン認証権問題、そして娯楽施設利用税問題の三つである。これらの問題をめぐって、ＮＢＣＪは様々な対応を迫られた。

過密化問題——新設の制限

風営法問題以降に発足したＮＢＣＪは、ボウリング場産業全体の方向性を定める統率者としての役割を果たしていった。ＮＢＣＪの取り決めでとりわけ重要だったのは、ボウリング場の新設規制に関するものだった。前章で論じたように、ボウリング場事業は新規参入が容易だったため、多くの企業がボウリング場を無秩序に新設してしまうとすぐに市場が飽和し、過当競争が起こると考えられていたのである。

図22は、一九六一年から七二年における、ボウリング場の増加数を一年ごとに集計したものである。これを見ると、ボウリング場は毎年増え続け、特に六九年頃から新規建設数が一気に高まっていることがわかる。一年間の増加数が高まったということは、それだけボウリング場の過密化が加速度的に進行したということである。ＮＢＣＪは設立当初からボウリング場の過密化を防ぐ方法を

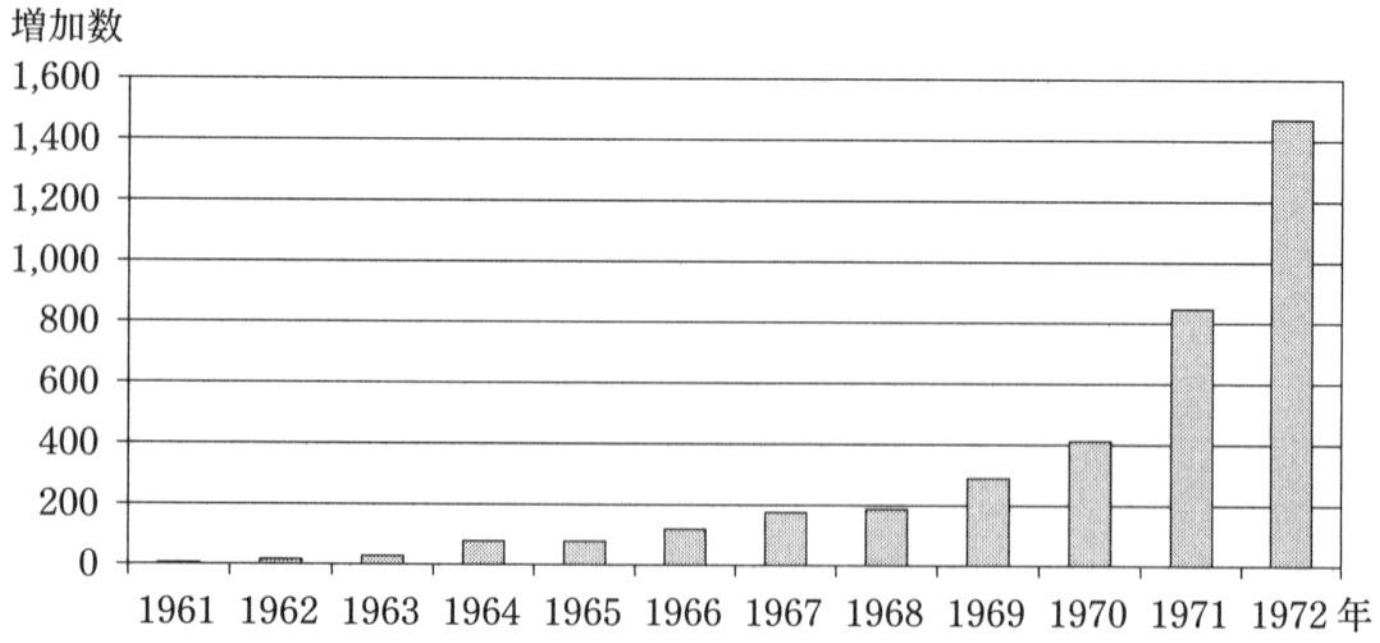

図22　ボウリング場年次増加数の推移
（出典：前掲「年別全国センター数・レーン数」から筆者作成）

検討してきたが、具体的な方策があるわけではなかった。しかし六九年頃からの急激な増加に、いよいよ本格的な対策を講じる必要が出てきた。

ＮＢＣＪがボウリング場の乱立を防ぐために取った対策は、以下の三点の取り決めだった。第一は、新規ボウリング場は既存のボウリング場と一定の距離を置かなければ建設することができないとしたこと、第二は、新規ボウリング場は日場協に必ず加盟することが求められ、そのためにはレーン数に応じた入会金[16]を払う必要があること、第三は、新規レーンは日場協に加盟すればＪＢＣによるレーン認証を受けることができ、ＪＢＣ公認競技大会を開催し、またプロボウラーの派遣を受けることができるというものだった。こうした取り決めは、アウトサイダーのボウリング場を、日場協に加盟させにくいものとした。アウトサイダーからすれば、こうした取り決めは「ＪＢＣ公認」というお墨付きを得るために多額の入会金が必要になるということであり、彼らの間で不満が募っていった。そしてこれは、新規ボウリング場のアウトサイダー化と、それら同士の団結の可能性を生むものでもあった。

さらに、一九六〇年代後半からボウリング場の数が急増し、ボウリング場間の競争が起こり始めたため、不健全な経営をおこなって利益を高めようとするボウリング場が再び増加した。例えばある地域では、「過当競争の結果、お客を引止める手段として深夜営業をあえてしている業者もあるため、これまで周辺の住民から「夜遅くまで営業をつづけていて眠れない」と深夜の公害を訴える住民や「少年非行の温床ではないか」とか「高額な賞品を出すのは好ましくない」などとの苦情が多かった[17]」という状態だった。六七年に警察庁がおこなった調査によると、深夜営業をおこなっている施設は、調査対象施設の九・二％にあたる四十カ所で、これは二年前の調査よりも多かった。また午後十一時以降少年と思われる入場者も五・九％にのぼり、これも前回調査を大きく上回った[18]。さらに六九年に警視庁がおこなった調査によれば、都内のボウリング場のうち約七〇％が過剰な賞品を提供し、全国の約三二％のボウリング場が休日前に深夜営業をおこなっていた[19]。茨城県のある中学校では、ボウリング場の風俗の乱れを理由に生徒のボウリング場への入場を禁じるようになった[20]ほか、岡山県のあるボウリング場にはボウリングによる賭博をおこなうグループも現れた[21]。このように、ボウリング場の過密化が進むなかで、アウトサイダーが不健全な施策をおこない、そうした施設ではボウリングが再び〈レジャー〉として提供されるようになっていった。

レーン認証権問題——アウトサイダーの締め出し

ＪＢＣも日場協も、ボウリングを健全な〈スポーツ〉として普及させることを目的としていた。その普及するためには、ルールの公平性が保たれる必要があり、レーンは全国どこでも統一的な規格を持たなければならなかった。ところがこのレーンの検査や公認の権利については、ブームが起こるまで統一的な基準は存在しなかった。

一九五二年、日本ボウリング協会[22]が設立された際には、同協会が各地のボウリング場のレーン規格について指導をおこなう立場にあることが規約に盛り込まれていた。ところが、日本ボウリング協会が実行力を失い、ＪＢＣや日場協が力を強めるなかで、こうしたレーンに関する規定は曖昧化していく。ボウリングブーム発生以前には、設備メーカーが自主的に検査と認証をおこなっていたが、ＪＢＣに対して検査と認証を委託するメーカーが次第に増えていった。そのため、ＡＭＦやブランズウィックといったメーカーの独自の基準による公認レーンを備えるボウリング場もあれば、ＪＢＣ公認のレーンを備えるボウリング場もあり、統一的な基準でレーンの公認がなされなくなっていった。

ＮＢＣＪがボウリングを〈スポーツ〉として普及させていくなかで、レーン認証権の問題は同団体の中心的な議題になっていった。だが、設備の専門家であるメーカーに委託すべきであるとか、国内でのボウリングを統率するＪＢＣが権限を持つべきである、あるいは第三者機関を設置すべきであるなどの様々な意見が飛び交い、問題の収束には時間がかかった。ＪＢＣとしては、国内のボウリングに関する業務をすべて引き受けたいという思惑と、レーンの公認をおこなうことによる収入への期待があり、レーン認証権はぜひとも手に入れたい権利だった。

難航したレーン認証権問題は、一九六六年にようやく決着がついた。ＪＢＣと日場協のそれぞれの理事会で、ＪＢＣがレーン認証権を持つことが承認されたのである。その内容は、主に①レーンの認証はＪＢＣが実施してメーカーとボウリング場は必要に応じて検査作業に協力すること、②六六年四月以降ＪＢＣは認証がないレーンでは一切の競技を公認しないこと、③レーンの認証を申請するボウリング場は日場協への加盟が必要であること、などとされた[23]。ＪＢＣによって公認されたボウリング場ではＪＢＣの認定証が場内に掲示され、公認競技が実施できるボウリング場としての資格が明示化されていった。

レーン認証権問題で重要だったのは、この問題を通じてＪＢＣと日場協が現実的な利益関係を共有するようになったことである。それまでは健全な〈スポーツ〉化の推進という大義を追う仲間として、緩やかに協調していたにすぎなかったが、このレーン認証権問題を経て、日場協に加盟したボウリング場以外はレーンが認証されず、ＪＢＣ公認の大会を開催することができなくなった。また、プロボウラーたちも公認レーン以外でプレーすることが禁じられていたため、非公認レーンでは客寄せの手段としてプロボウラーを呼ぶことができなくなった。こうした一連の動きは、ＪＢＣが日場協に対して公認というお墨付きを与えることでアウトサイダーを排除し、それが両者の利益を確保することにつながった。

娯楽施設利用税問題――〈スポーツ〉化を根拠とした請願

前述のように、ボウリング場はその税制的位置づけが定まらないままに拡大していき、一九六五年に正式に娯楽施設利用税による課税対象施設になった。こうした課税に対して、ＮＢＣＪは課税撤廃運動をおこなっていった。六六年の課税撤廃請願の趣旨は、「ボウリングは国民的なレクリエーションスポーツであるから、体育・スポーツ振興の観点からこれに課税するのはおかしい」「ボウリング場のほとんどが民営であるため利用料がかかるのは仕方がないが、スポーツ振興の観点からできるだけ利用料を安くし、国民に広く広める必要がある」「ボウリングは大衆的スポーツとして広がっており、彼ら大衆は担税力に乏しい」「課税が撤廃されればスポーツとしての意識が明確になり、よりボウリングが健全なものとなる」といったことだった。(24) またこの撤廃運動のため、ボウリング業界に対しては、各方面で団体組織を整備し規律ある発展を目指すこと、自主規制を守ること、〈スポーツ〉としての秩序を確立することなどを徹底していった。これ以降、ＮＢＣＪはこれらの趣旨にのっとり、文部省、自治省、通商産業省などに課税撤廃を頻繁に訴えていくことになる。しかし、娯楽施設利用税課税対象全体に占めるボウリング場の割合は非常に高く、財政難にあえぐ地方自治体にとって貴重な財源だったため、こうした訴えはなかなか受け入れられなかった。

4　イメージの動揺の時期（一九七一年―）

以上のように、ボウリングブームが過熱していくなかで、ボウリング場産業はいくつもの社会的障壁に立ち向かわざるをえなかった。ＮＢＣＪは様々な対応をおこなったが、次第にその内部での関係性にひびが入っていった。ＪＢＣと日場協の対立の根幹にあったのは、〈スポーツ〉に対する価値観の差異であった。つまり、「純粋スポーツ」としてのボウリングを志向するＪＢＣと、「社会スポーツ」としてのボウリングを志向する日場協の間で、今後のボウリングの普及戦略に齟齬が生じ始めていったのである。

このような両団体の摩擦が強まるなか、一九七一年九月、ボウリング業界を揺るがす事件が起こる。ＪＢＣや日場協など十四カ所を公正取引委員会が独占禁止法（以下、独禁法と略記）違反の疑いで強制捜査したのである。捜査の理由は、レーン認証協定によってアウトサイダーが不当に締め出され、客寄せなどの点で不利な立場に立たされたことや、新規レーンに対して不当な料金を請求したことが、独禁法第八条「実質的な競争制限」違反に当たるとの疑いが持たれたことにある。

新聞各社はその日の夕刊でこのニュースを大きく扱った。「ボーリング場ヤリ玉〝新規参入はばむ経営〟」の見出しを掲げた「日本経済新聞」は、一九六六年十二月頃にＪＢＣと日場協が、ＪＢＣは日場協加盟のボウリング場以外のレーンについては記録を認証しないという協定を結んだため、アウトサイダーが記録の公認などの点で客寄せに不利な状況となったほか、日場協が過当競争を防ぐ目的で新規ボウリング場一軒当たり二百万から三百万円もの入会金を求めたことなどを報じた。(25)

また、「ボウリング場協会を〝摘発〟新規店あくどく制限」と過激な見出しを掲げた「読売新聞」はさらに踏み込んで、日場協はアウトサイダーに法外な入会金を課すことで、実質上レーンの公認がおこなわれないような措置をとったとまで報じた。さらに、宇都宮市の新規ボウリング場が既存のボウリング場から嫌がらせを受け、「あいさつ料」を払わされたという事例まで紹介している。(26)

その後、国会でこの問題が追及され、新規ボウリング場に対して法外な加盟料が請求されたことや、距離制限が課せられたこと、徴収された金は使途不明であり脱税の可能性があることなども報じられた[27]。

こうした強制捜査にいたった経緯は当然機密事項とされているが、それまでの経緯から見て、アウトサイダーによる公正取引委員会への告発があったと推察できる[28]。日場協の木村正一専務理事は「今回の事件は非加盟センターのグループ（略）と関係しているでしょうが、同連盟も我々場協会活動の恩恵を平等に受けている筈です[29]」とし、自粛三原則を守らないうえに独禁法まで持ち出したアウトサイダーたちを批判した。

各ボウリング場にとっての、レーンの公認を受けることのメリットは大きく分けて二つあった。公認レーンであればＪＢＣ公認大会を開催でき、また公認アベレージを出せること、そして公認レーンを備えたボウリング場ではプロボウラーを客寄せの手段にできるという点である。前者については、主に競技志向ボウラーにとってのみ重要だったが、後者は一般のボウラーを集める点でも大きな意味を持っていた。アウトサイダーは、こうしたメリットを得られない不満を溜めていったのである。

そして一九七一年十二月、公正取引委員会は、ＪＢＣと日場協の間の協定はアウトサイダーを締め出すための協定と断定し、これは独禁法第八条第一項第三号で禁じられている「一定の事業分野における事業者の数の制限」に触れるものだとして、協定を破棄するとともに、その旨を業界全体に徹底させるよう両協会に勧告をおこなった。これに対して日場協は「この申合せは、深夜営業をしない、過大な景品はつけない、など営業三原則を守らせるためのもので、アウトサイダーの多くが深夜営業などしており、青少年の非行化防止という協会の健康経営方針に沿っていないことからも申合せの意義は明らかだ」と反論したが、公正取引委員会はこれについて「営業三原則はたしかにけっこうだ。それをとやかくいうつもりはないが、いわばレーンや記録の認証をエサに三原則を守らせるのは行きすぎだ」と批判している。(30)さらに「朝日新聞」がこの件を「〝ヤミ協定〟をたてにいわばブームを食っていた〝黒いボウリング〟事件(31)」とし、「日本経済新聞」がレーン認証協定を「アウトサイダー締め出し協定」「全国約百三十のアウトサイダーに不当な圧力を加える、いわばヤミ協定(32)」と報じるなど、ボウリングに対する印象が社会的に悪化していった。

一九七二年一月十七日、日場協は独禁法違反の事実はないという理由から、公正取引委員会の勧告を拒否する通告をおこなった。ところが一月二十日、文部省からＪＢＣに対して、日場協とのレーン認証協定を破棄し、ＪＢＣはアマチュアスポーツ団体としての姿勢を強化すべきだとの指示があり、もし文部省の指示に理解を示さない場合は、以後大会の後援を取り消すという強い申し入れがあった。ＪＢＣは、この指示を受け入れた。そこには、ＪＢＣの二つの思惑があった。つまり、ＪＢＣは日体協加盟を至上命題として活動してきたために、ここでアマチュアスポーツ団体としての姿勢を見せることで文部省へのアピールをおこなおうとしたこと、そして日場協との関係を断ち切り、悪い印象を払拭しようとしたことである。この時期は、ボウリング関係者の間でブームが近い将来終息するだろうと言われ始めた頃であり、「今年にはいって、どのボウリング場も客の入りが悪くなってきた。五月の連休からは、そのかげりは一層ひどい。ボウラー人口そのものは、むしろふえた、と業界はいう。ボウリング場がふえすぎた結果らしい(33)」という状態となっていた。このような状況を見るにつけ、ＪＢＣにとって、文部省との関係を悪化させてまで公正取引委員会の勧告に反発するメリットはなかった。

こうしてＪＢＣと日場協の間に溝が生まれていったが、この溝が決定的に深まったのが、一九七二年九月の第七回全国選抜チーム選手権大会の開催をめぐる対立だった。日場協常務理事とＪＢＣ常任理事による懇談会の席で、日場協側が、この大会をＪＢＣの公認なしで、日場協独自の運営で開催する旨を通告した。それまでＪＢＣと日場協の協力のもと、ＪＢＣ会員たちが集まっておこなう大会だったが、日場協側はこの大会をボウリングの祭典と認識し、ＪＢＣ会員以外にも広く開かれた大会にしようと画策したのである。これに対してＪＢＣ側は、自会員からの要望もあり、この大会に代わるＪＢＣ会員の祭典として全日本支部対抗チーム選手権という大会を創設し、九月十五日・十六日に名古屋市で開催することを決定した。ところが日場協側では、すでに九月十六日・十七日に名古屋市で全国選抜チーム選手権大会を開催することを決定していて、ＪＢＣ側の決定はそれに対する妨害行為だと解釈した。この点について、ＪＢＣと日場協の両者は激しく対立していく。日場協側からすれば、ＪＢＣによる支部対抗チーム選手権の開催は日場協の選抜チーム選手権大会に対する妨害行為であるため、日場協加盟ボウリング場はＪＢＣ側にレーンの提供をおこなわないよう呼びかけた。それに対してＪＢＣ側は、日程が重なってしまったことは開催地である愛知県連の都合であり、日場協に対する妨害の意図はないとし、むしろ日場協がＪＢＣに会場を提供しないよう呼びかけたことこそが妨害行為だと指摘した。こうして両者は一歩も譲らず、ＪＢＣは自会員たちに対して、日場協主催の大会に参加することはアマチュアルールとＪＢＣ規定に触れるため、参加した会員は即除名するとまで通告するようになった。

このように、独禁法問題を契機としてＪＢＣと日場協の関係は修復不可能なまでに悪化していった。そしてこの対立は、ボウリングブームが発生した時期に生じた三つの問題、すなわち過密化問題、レーン認証権問題、そして娯楽施設利用税問題の三つの領域で、複合的に顕在化していったのである。

過密化問題――日場協未加盟率の増大と過剰供給

ＪＢＣと日場協の対立の深まりに伴って、ＮＢＣＪのボウリング場産業に対する影響力は低下していき、日場協に加盟しないボウリング場の割合が次第に増加した[34]。図23は、日場協未加盟ボウリング場の割合の推移である。従来、日場協未加盟の割合は全国のボウリング場の一〇%程度だったが、ＪＢＣとの対立が深まるなかでその割合は急上昇し、一九七五年には全国のボウリング場の約四〇%が日場協未加盟という状況となった。七一年には、ＪＢＣと日場協に反発するアウトサイダーを中心に、日本ボウリング場経営者連盟という経営者組織が結成され、業界が分裂していった。こうして自粛三原則を守らない多くのボウリング場が、ほかのボウリング場との競争のなかで料金ダンピング、過大賞品の提供、投げ放題といった無秩序な経営をおこなうようになっていった。

またＮＢＣＪの影響力低下によって、距離制限を無視した形で多くのボウリング場が建設され、一九七二年には全国で十二万以上ものレーンが設置されるなど、明らかに供給過多の状態となった。需要に合わない数のボウリング場が建設されることで、個々のボウリング場に対するパイの配分が減少し、各ボウリング場は収益を減少させていった。一レーン当たりの一日平均ゲーム数の推移を

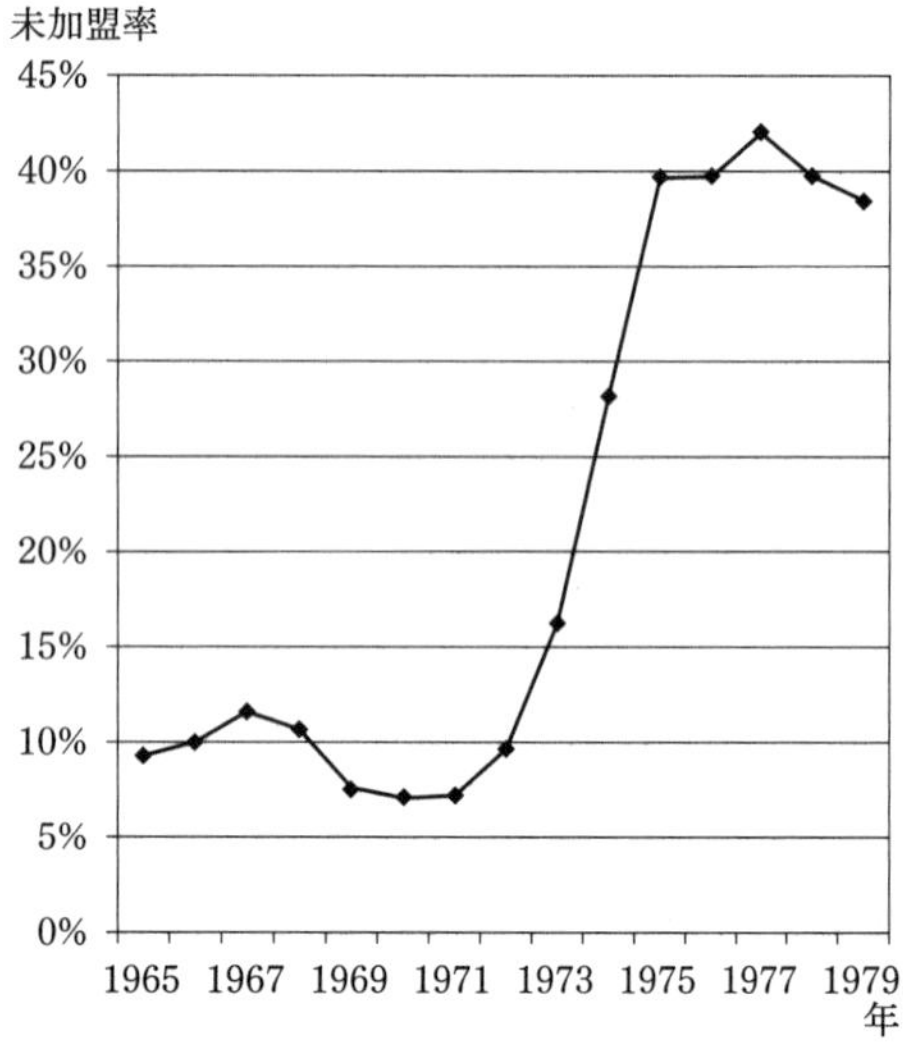

図23　日場協未加盟率の推移
（出典：前掲「年別全国センター数・レーン数」から筆者作成）

示した図12（三四ページ参照）を見ると、七一年には一日平均七十ゲーム以上おこなわれていたにもかかわらず、それ以降は急激にゲームの回転率が低下していることがわかる。当時のボウリング場の採算ラインは一レーン当たり一日三十五から四十ゲームであり[35]、七三年以降はこのラインを下回っていた。これは、ボウリング場間の過当競争によって各ボウリング場の動員力が弱まっていったことや、余暇活動の多様化と不況によって、ボウラーの多くがボウリングから離れていったことなどによると考えられる。ゲームの回転率が著しく低下したボウリング場は、次々に倒産していった。

こうしたＮＢＣＪの影響力の低下は、様々な面でボウラーたちの足をボウリング場から遠ざけていった。競技志向のボウラーたちにとっては、ＪＢＣの会員にならなければアジア選手権など国際大会の選考会に参加することができなくなっていた。また、ＪＢＣ会員たちは日場協主催の大会に参加した場合、即除名とされた。そしてのちに見るように、ＪＢＣは一九七四年にプロボウラーとアマチュアボウラーの交流禁止を決定し、ＪＢＣ所属のアマチュアボウラーたちは、プロボウラーと同じ舞台で試合をすることができなくなってしまった。このほかにも、世界大会につながる記録の公認権がＪＢＣにあるために、日場協加盟のボウリング場で出した記録は公認されない、またプロボウラーはＪＢＣに加入できないなどの問題も起こった。ＪＢＣと日場協の対立によるこれらの問題は、ボウラーたちを大きく混乱させた。どの大会に出ていいのか、どのボウリング場なら記録が公認されるのかといった問題は、ボウラーたちの足をボウリングから次第に遠ざけていった。

一方、競技としてボウリングをおこなうわけではない一般ボウラーたちにとっても、この対立は影響を与えた。ＪＢＣがプロボウラーに対する冷遇策を取ったために、「見るスポーツ」としてのボウリングの発展が妨げられ、新たな顧客を掘り起こす機会が失われてしまったのである。また、プロボウラーは一般ボウラーに指導をする機会があったが、それも不可能になった。さらに、「ボウリング場〝村八分〟事件」[36]などの記事で、両団体の対立や新規ボウリング場に対する締め出しなどが報じられるうちに、ボウリングという種目そのものに対して、不信感はさらに募っていったと考えられる。

レーン認証権問題——ボウリング場統括組織の分裂

ＪＢＣと日場協の関係が独禁法違反と報じられるなかで、ＪＢＣは日場協との連携を断ち切り、自ら競技場を指定し、そこで競技をおこなうという方向性を模索するようになった。従来のレーンの公認は日場協に加盟するボウリング場だけにしかおこなわれず、日場協に加盟していることこそが公認の基準だった。ところが独禁法問題以降、公認の基準をＪＢＣが独自に設けることにしたのである。ＪＢＣは一九七二年二月、指定競技場の設置基準を示した。そこには、ＪＢＣ会員に対してゲーム料金の割引などの優遇措置をおこなうことなどが盛り込まれ、三月から実施された。この指定競技場制の導入はすなわち、あくまでボウラー団体だったＪＢＣが、日場協の業務の領域に踏み込んだことを意味した。

同年八月のＪＢＣ緊急理事会において、レーンなどの設備の規格に限らず、その競技場全体が競技者にとって公平で適正な運営ができており、ＪＢＣ会員に推薦できるかどうかを基準とする指定競技場制が提案された。この「競技場全体」とはつまり、飲食物の販売など、レーンの外の設備がアマチュア基準に沿っているかについても認証基準に盛り込んだ、ということである。従来のような設備規格だけを公認する権利を超え、施設全体に対する認証権を主張するＪＢＣに対し日場協は反発し、ＪＢＣのレーン認証権に関する申し入れを白紙撤回して規格の認定権は日場協にあると主張した。前述の『三十年の歩み』によれば、「指定競技場制でＪＢＣの目指すところは要するに二千五百のボウリング場のなかから、ＪＢＣの希望する諸条件を満たした優良センターを指定し、ここでプレイするＪＢＣ会員に料金その他の優遇措置を与えようとするもので、この組織を拡大発展させて、文部省の支援のもとに体協加盟へのステップに育て上げようとする」(37)ものだった。

レーン認証権をめぐるＪＢＣと日場協の間の対立は決定的となった。そしてついに一九七二年九月、ＪＢＣが臨時代議員総会を開き、全会一致をもって正式にレーン認証協定を破棄し、今後ＪＢＣが自主性を持ってレーン認証をおこなうことを通達した。同年十二月には当然のようにＮＢＣＪ

も解散し、また七四年四月にはＪＢＣによって公認されたボウリング場同士の協議機関として、全国ボウリング指定競技場協議会（以下、全指協と略記）が発足した。これらの一連の動きによって、流行初期以来のＪＢＣと日場協の協調関係が寸断され、レーン認証基準やボウラーの権利などに関して、国内での統一的な基準がなくなってしまった。そして、「純粋スポーツ」としてのボウリングを目指す全指協、「社会スポーツ」としてのボウリングを目指す日場協、アウトサイダーによる日本ボウリング場経営者連盟という、三つのボウリング場統括組織が乱立することになった。

娯楽施設利用税問題——請願理由の不一致

レーン認証権をめぐってＪＢＣと日場協の間で対立が深刻化すると、娯楽施設利用税による課税撤廃運動の足並みもそろわなくなっていった。ＪＢＣは文部省に接近し、真面目な「純粋スポーツ」であることをアピールすることで娯楽施設利用税適用の不当性を主張していったのに対し、日場協はボウリングがすでに健全性を持った「社会スポーツ」であり、全国民的に広まっている点を強調することで、撤廃を訴えていった。両者の間で免税請願理由にずれが生まれていったのである。

実は独禁法問題が起こる以前から、この問題の火種はくすぶっていた。一九七〇年八月、ＪＢＣは、ＪＢＣ主催大会への課税撤廃を目指して単独で撤廃陳情運動をおこなった。一般客がただ遊びでプレーしている場合に課税するのはかまわないが、文部省が後援しているＪＢＣ主催の大会にまで娯楽施設利用税が課せられるのはおかしいという姿勢で運動を展開したのである。ＪＢＣのこうした姿勢に対して、日場協の不満は高まっていき、同時にＪＢＣも日場協の非協力的な態度に不信感を強めていった。

独禁法問題以降の一九七四年六月には、日場協による撤廃デモ行進がおこなわれたが、ＪＢＣはこれに参加しなくなった。ＪＢＣは日場協とは請願理由が一致せず、免税の対象を指定競技場での公認ゲームに絞り、あくまで限られた狭い運動を考えるようになったのである。当時のＪＢＣ藤野淳之介副会長は「われわれは施設利用税の負担者であるアマチュアの競技者を守るために、前面に立ってやるのであって、場協会とは請願の趣旨が違う(38)」と発言し、両者の対立関係が明確化していった。だが結果的に、娯楽施設利用税の撤廃が進まなかったということは、税金の分だけボウラーたちに高い利用料金を強いることを意味した。両団体の足並みの乱れが、ボウラーたちの不利益として具現化されていったのである。

5　関連団体によるイメージ戦略

ここまで流行期のボウリング普及に伴う諸問題と、関連団体のそれら諸問題への対応について概観してきた。次に、この間におけるボウリングのイメージの揺れを整理する。

日本にもたらされたばかりの頃のボウリングは、深夜営業や賞金・賞品提供、アルコール販売などがおこなわれる不健全な経営施策のもとで提供されていた。それによって、ボウリング場に対する風営法の適用や、娯楽施設利用税による課税といった、ボウリング場経営の根幹を揺るがす大問題にまで発展していった。

そうした状況に対して、当時のＪＢＣと日場協は、「〈スポーツ〉化戦略」と言うべき戦略をもってボウリングを健全なものとしようとした。これはつまり、ボウリングは健全な〈スポーツ〉だという主張をおこなうことで、様々な社会的障壁を乗り越えようという戦略である。そのベースになったのは健全性を強調するための自粛三原則であり、この原則を順守するよう各ボウリング場に求めることで、ボウリングという種目が〈レジャー〉ではなく、〈スポーツ〉であることを強調した。こうした施策は一定の効果をもたらした。実際に風営法適用からは除外され、さらにボウリングは〈スポーツ〉だという認識を社会に広めることにもつながった。

一方、これらの団体の枠組みからはずれたアウトサイダーたちは、パチンコや麻雀のような形の普及、すなわち賞金・賞品提供や、アルコール販売など競技外の要素から楽しみを積極的に高める「〈レジャー〉化戦略」でもってボウリングを普及させようとした。

さらに、こうした「〈スポーツ〉化戦略」と「〈レジャー〉化戦略」の対立に加えて、「〈スポーツ〉化戦略」も意見が様々にあり、ＪＢＣは真面目な「純粋スポーツ」をイメージしていた一方、日場協はスポーツとレジャーの中間的性格を持つ「社会スポーツ」をイメージしていた。アウトサイダーも含めた三者が、それぞれの方向にボウリングのイメージを誘導しようとしていたのである。そして、それらの団体はボウリングが進むべき方向性をめぐってときに協調し、ときに対立しながら、ボウリングを普及させていった。

ここであらためて注目すべき点は、ボウリング場はそのほとんどが民間施設であり、一定の利益を確保する必要があったことである。その意味では、ボウリング場経営者の団体である日場協が、最初からパチンコなどのようなレジャー産業と同じ方向で普及を志向しても不思議はなかった。パチンコ産業の規模の大きさを見てもわかるように、経営的な合理性から判断した場合、むしろ「〈レジャー〉化戦略」のほうが最善の戦略だった可能性がある。それではなぜ、当時の日場協は、「〈レジャー〉化戦略」ではなく、「〈スポーツ〉化戦略」を選択したのだろうか。

実はこの決断は、やはりあくまで経営上の手段として合理的・戦略的に選択されたものだった。当時のレジャー産業は「水商売」と呼ばれるほど不安定なもので、何が儲かるのかという見通しを立てることが難しかった。そのためレジャー施設経営者にとっては、本業が失敗に終わった際の施設の転用を考えておくことが、リスクヘッジとして必要不可欠だった。つまり、当時のレジャー施設業は失敗が前提に置かれていたのである。レジャー施設は、最終的には倉庫やスーパーに転用することが一般的だった。ところがボウリング場はパチンコ店などの施設に比べると規模が大きかったため、設備の入れ替えが困難だった。また、天井が高すぎる、荷重が弱い、ガター用の溝が掘られているなどの点も転用に不利だった。パチンコ店などであれば、流行が過ぎ経営が困難な状態に直面したとき、設備や営業業種そのものを入れ替えて新規性を演出することで、再び客を取り込むことが可能になる。これらの施設は、風営法によって営業時間や広告、店舗面積などの面で規制を受けながらも、新規性を逐次演出することで利益を高めるという経営手法を構築している[39]。そしてそれらの設備の入れ替えが失敗に終わっても、最終的に倉庫などに転用できる。ところがボウリング場は、こうした新規性の演出も、倉庫やスーパーへの転用も難しかったため、一度建ててしまえばボウリング場として存在し続けるしかなかった。すなわち、事業が失敗した際、風営法から受けるダメージがほかのレジャー施設よりも相対的に大きかったため、必然的に風営法を回避するために〈レジャー〉の方向性を断念し、「〈スポーツ〉化戦略」を選択せざるをえなかったのである。ボウリングブームの凋落を象徴するシーンとしてしばしば記述される、廃業したボウリング場に巨大なピンのオブジェだけが取り残されているといった光景は、まさにボウリング場がほかの業種に転用することが難しく、そのまま放置されざるをえなかったことを物語っている[40]。

このように、当時の日場協は経営的合理性を追求するうえで「〈スポーツ〉化戦略」を採用せざるをなかった。この選択は、風営法や娯楽施設利用税といった社会的規制という環境に適応するために選び取られたものと言える。しかしすでに述べたように、ボウリング場経営者たちにとっては、競技外の楽しみを高めることで人々の金銭消費を煽ることも同時に必要だった。そのため、日場協はボウリングの〈レジャー〉としての特徴も否定できなかった。実際、日場協とNBCJは、〈レジャー〉的経営をおこなう経営者たちを特に厳しく罰することはせず、半ば黙認していた。このことは、NBCJによる「〈スポーツ〉化戦略」が、あくまで風営法を回避するための一種の方便にすぎなかったことを意味する。すなわち、〈スポーツ〉志向から〈レジャー〉志向まで多様なニーズを持つ顧客を幅広く取り込むことが、ボウリング場産業全体の利益となったのである。日場協O氏は、以下のように述べる[41]。

結構風営法をかけられちゃうと、これなんちゅーの、風俗営業っていうのは規制が、それも警察の規制じゃないですか。なかなか商売やりにくくなるって、当時の人が、業界の指導者が考えたんじゃないでしょうか。だからなんとしても風俗営業を逃れたい。それを逃れるためには、スポーツを前面に出すのが一番逃れやすいことだから、風営法を逃れるために、スポーツを前面に出した、という感じじゃないですかね。出さざるをえなかったというか。それで、逃れたということだと思うんですよ。（略）風営法のときは、JBC中心に、場協会もそうだったよね。特に深夜営業だったんじゃないでしょうか。深夜営業の問題。アルコールは、あまりどうだったんだろ…ビール飲みながらやってた人はやってたのかなぁ。酔っ払いは困るけど、楽しみの範疇ではやってたんじゃないかな、適当に。

（調査者：そうすると、当時のボウリングはスポーツでもありレジャーでもあり？）

そうそうそうそう。

（調査者：日場協もそれ〔不健全な経営〕を黙認という形で？）

そうそうそうそう。それで、まぁ、風営法をあれするための方便といいますか、それともう一つあれはやっぱり、JBCの体協加盟だとか、体協加盟のあとに、国体参加ができたわけですけども、そういうのについてはやっぱり、スポーツの面を強調しないとできないから、やってきたと。

このように、NBCJによる「〈スポーツ〉化戦略」は、実際には風営法を回避するための方便にすぎず、現実的には〈レジャー〉的経営に目をつむっていたことがわかる。そして、「〈スポーツ〉化戦略」によってもたらされた風営法不適用という環境のもとで、多くのボウリング場が実際には賞金・賞品提供やアルコール販売などの競技外の楽しみを高めるような経営をおこなっていた。

これらの「〈スポーツ〉化戦略」対「〈レジャー〉化戦略」、そして「〈スポーツ〉化戦略」内部でのスポーツ観をめぐる対抗関係は、ときに激しく対立しながらも、ときに妥協し合うことで、ボウリングという種目が持つイメージを大きく揺さぶることにつながった。すなわち、ある面では野球などのような真面目な「純粋スポーツ」に近いが、ある面ではパチンコなどの〈レジャー〉に近く、またある面ではその中間的性格も有しているという、多様な「顔」を持つようになった。こうしたイメージの多面性は、多様なニーズを持つ客を取り込むことにつながったと言える。ＪＢＣ会員となってアベレージ向上を目指すような、「純粋スポーツ」としてボウリングをプレーしたい人々も、飲酒しながら仲間内でプレーしたいような、つまり〈レジャー〉としてプレーしたい人々も、同時にボウリング場に引き込むことが可能になった。

以上の分析からわかるように、当時のボウリングは特定のイメージを持った種目として、一貫した芯を持って普及したというよりも、真面目な「純粋スポーツ」を目指すＪＢＣも、「社会スポーツ」を目指す日場協も、そして〈レジャー〉を目指すアウトサイダーもそれぞれ存在し、それぞれの方向性でボウリングを広めていったという表現がもっとも適切だろう。ここで重要なことは、ボウリングはもともと確固とした理念のもとで普及していったわけではなく、各主体にとっての利益の最大化という目標のもとで多様なイメージを帯びていった、ということである。利益の最大化を目的に右往左往した末に多様なイメージを獲得し、それが結果的にボウリング場という新しい産業領域を切り開くことにつながったのである。換言すると、この時期のボウリング場産業の拡大とは、特定の主体の意図によってもたらされたものではなく、多様な主体がそれぞれの利益を追求した結果もたらされたということである。

ボウリングは従来のスポーツにもレジャーにも当てはまらない、多様なイメージを持って普及していった結果、幅広い人々に受け入れられていくことになった。大量の汗をかかないために服の着替えが不要であり、また深夜までプレー可能という特性を備えていたボウリングは、しばしば「スポーツとは名ばかり、深夜のスポーツとは一体何事か」[42]などと批判され、従来のスポーツ観とは相容れないものとして認識されることになった。だが、こうした批判はありながらも、一方でボウリングの目新しさは、スポーツの参加者層を拡大する要因になった。

すでに見てきたように、あまりスポーツに参加してこなかったのは女性やブルーカラーといった層だったが、ボウリングはこれらの層のスポーツ参加を促した。女性については前章で詳述したが、ブルーカラーもこのボウリングの目新しさに引き付けられたと考えられる。ブルーカラーの人々は、普段から身体を用いる労働をおこなっているため、余暇時間とは身体の休息の時間を意味した。そのような人々にまでボウリングが広まったということは、ボウリングが単純な身体運動なのではなく、前章で見てきたような多様性を有するユニークな種目として、新しい価値を持つものとして認識されていたということである。しかも、人々はただ身体を動かすのではなく、安くない金銭を支払ってまで身体を動かしていた。このような余暇行動の導入は、日本のスポーツ文化と余暇文化のなかでも画期的な出来事だった。実際、「スポーツに金を払うことのナショナルコンセンサスは、高度成長時代のボウリングブームによってつくられた」[43]と言われている。わざわざ金銭を支払ってまで身体を動かすという余暇行動は、従来のスポーツでもレジャーでも珍しいものであり、それをもたらした点が、当時のボウリングブームの意義の一つだったのだ。

6　本章のまとめ――イメージの揺れによる多様な人々の取り込み

本章では、流行期のボウリング関連団体の動向を中心として、当時のボウリングという種目が多様なイメージの揺れのなかで普及していった状況について分析してきた。諸主体が自らの利益の最大化を目指して右往左往した結果、ボウリングを〈スポーツ〉と見なす人も、〈レジャー〉と見なす人もボウリング場に足を運ぶようになり、多様な人々がボウリングを楽しんだ。ただし、関連団体内部でのスポーツ観をめぐるすれ違いは常に温存されていて、その対立が表面化すると同時に、業界全体への影響力が失われた。そしてボウリング場の爆発的増加と野放図な経営の放置を招いたことが、流行終息の重要な要因になった。次章では、こうした流行の終息、そしてそこからの復活と現在にいたるボウリングの様子を見ていこう。

注

（1）本章の歴史的事実、特に関連団体の関係性については、主に前掲『三十年の歩み』を参考にした。また、以下の文献も補助的に参考にした。前掲『The Bowling』、前掲『世界のボウリング百年の歴史と至難「スポーツ化」に燃えた五十年』

（2）当時は、日本ボウリング協会という団体も存在した。この団体は、一九五〇年に結成されたボウリング場経営者団体で、全日本ボウリング協会と同様にＪＢＣと略称されるが、別団体である。流行期以降、全日本ボウリング協会や日場協がボウリング業界全体に対する影響力を高めるにつれてその存在感を失い、六八年に解散した。

（3）以下、場協会という略語も現れるが、これは日場協と同義である。

（4）一九五二年に設立された国際的ボウリング団体。二〇一四年に世界ボウリング連盟（World Bowling）に改組された。

（5）前掲『三十年の歩み』四四三ページ

（6）同書二五六ページ

（7）ボウリングのゲーム代課税が撤廃されなかった理由として、ボウリング場関係者がアイススケートのゲーム代への課税撤廃に気づかずにいたことと、外形課税によって料金課税本来の姿が失われていたことが考えられる（前掲『三十年の歩み』四七ページ）。

（8）「読売新聞」一九六四年二月十九日付

（9）「朝日新聞」一九七一年六月十七日付

（10）もともと地方税として課税されていたが、一九五四年に税制度が改正され、第三種の施設（ゴルフ場、パチンコ場、麻雀場など）は、娯楽施設利用税の課税対象に組み込まれることになった。
(11)「朝日新聞」一九六五年九月二日付夕刊
(12) 前掲『三十年の歩み』一〇二ページ
(13) ただし、東京都などの地域では朝三時まで営業可能だった。
(14) 前掲『三十年の歩み』一一九ページ
(15) 前掲「年別全国センター数・レーン数の推移」
(16) この入会金は一律に定められていなかったが、地元協会への加入に二百万円プラス一レーン当たり十万円という高額料金を要求するところもあった（「朝日新聞」一九七一年十二月七日付）。
(17)「朝日新聞」一九六七年十月二十七日付
(18) 同紙
(19) 前掲『三十年の歩み』二八八ページ
(20)「朝日新聞」茨城県版、一九七一年五月二十七日付
(21)「山陽新聞」一九七一年十二月十六日付
(22) 日本ボウリング協会については、本章注（2）を参照のこと。
(23) 前掲『三十年の歩み』二一一ページ
(24) 同書二二八ページ
(25)「日本経済新聞」一九七一年九月十三日付夕刊
(26)「読売新聞」一九七一年九月十三日付夕刊
(27)「朝日新聞」一九七一年十二月十七日付
(28) 国会の場でこの件を追及したのは、参議院議員の黒柳明だった。彼は、ある地域の中心的な日場協

加盟業者名と、出店を妨害されたアウトサイダー業者の具体名を示しながらこの件を追及した（同紙）。出店を妨害された業者は、少なくとも告発をおこなった業者の一員だと考えられる。
(29) 前掲『三十年の歩み』三八一ページ
(30)「朝日新聞」一九七一年十二月二十八日付夕刊
(31) 同紙
(32)「日本経済新聞」一九七一年十二月二十八日付夕刊
(33)「朝日新聞」一九七二年八月二十四日付
(34) 具体的にどのようなボウリング場がアウトサイダーになったのかは不明である。ただし、一九七〇年代初頭からアウトサイダーの割合が急激に高まったこと、七一年のドルショックをきっかけとして異業種企業がボウリング場経営に乗り出すケースが増えたこと、そして後発のボウリング場は短期の利益回収を目的として大型化するケースが多く、レーン数が多かったために日場協に対する入会金が高くなったこと、という三つの事実を勘案すると、大型ボウリング場を経営する後発の異業種企業ほどアウトサイダーになりやすかったと推察できる。
(35) 前掲『復興への狼煙』八八ページ
(36)「朝日新聞」一九七二年一月二十八日付
(37) 前掲『三十年の歩み』四三一ページ
(38) 同書五四九ページ
(39) 例えばパチンコ店では、数カ月ごとにパチンコ台の機種を戦略的に陳腐化させ、常に新装開店をうたった花輪を店先に並べることで、来店客数が増加する。
(40) 以上の分析は、日場協S氏への調査の結果をもとにおこなった。

(41) O氏はボウリングブーム当時にはボウリング場の経営に携っていて、引用部は経営者としての観点から語ったものである。
(42) 前掲『三十年の歩み』七六ページ
(43) 鎌田慧『健康売ります!――ヘルス産業最前線からの報告』朝日新聞社、一九八五年、九一ページ

第4章　流行の終息と復活

第2章と第3章では、流行期におけるボウリングの様子を見てきた。次に、流行の終息を経て、のちに復活し、安定期にいたるボウリングの経緯に迫っていこう。まず、流行の終息期（—一九七〇年代半ば）と復活期（—一九八〇年代半ば）は、主にボウリング場の経営状況と、関連団体の動向という視点から分析する。そして安定期（—一九九〇年代後半）は、主にボウリング場の経営の変化と、立地の変化に伴う経営方針の変容という視点から分析する。これらの期間を通じて、ボウリングはどのようなイメージに変化していったのだろうか。

1　流行の終息（—一九七〇年代半ば）

一九七〇年代初頭をピークに、ボウリングブームはその後急坂を転げ落ちるように終息していった。一般的には、七三年末に起こったオイルショックで景気が冷え込み、人々の可処分所得が減少したことが流行終息の主な要因と言われる。もちろん、オイルショックもブーム終息を加速させた要因の一つだったが、ここまで見てきたように、実は七二年の頃からすでに流行終息の兆しが見えており、また業界内でもそれは周知のことだった。特に、ボウリング関連団体の関係が悪化して業界全体への影響力が低下し、ボウリング場が無秩序に建てられたことが、流行終息の直接的なきっかけだった。

ボウリング場の経営状況の悪化

図12（三四ページ参照）をあらためて見てみると、全国のボウリング場一レーン当たりの一日平均ゲーム数がもっとも多かったのは一九七一年のことであり、ボウリング場数がピークに達した七二年には陰りが見られる。そしてその後は、七四年に平均ゲーム数が十五・〇となり、ピーク時の五分の一程度になってしまった。

流行の終息期には、平均ゲーム数の低下に連動して、ボウリング場の間でゲーム代のダンピング競争が横行した。一九六〇年代に建てられたボウリング場はブームに乗って利益が出たことから減価償却が大方すんでいたが、流行に乗って七〇年代初頭に建てられたボウリング場は、少しでも設備への投資を回収したいともくろみ、ダンピングを積極的におこなった。七三年には、一ゲームが平均百六十円から百七十円程度になり、従来の二百五十円程度から大幅に値下げされた[1]。こうしたダンピング競争は、ボウリング場間で利益を削り合う結果になり、ボウリング場の倒産は加速していった。

また、流行終息期のボウリング場にとって、娯楽施設利用税の負担が大きくのしかかってきた。従来の娯楽施設利用税は、ボウリング場業界が好調な時期に定められたものだった。一九七一年のドルショックによって各地方自治体の税収は激減したが、依然好調だったボウリング業界には重大なダメージとならなかった。そのため、当時の各地方自治体は好調なボウリング場に対する娯楽施設利用税の税率を引き上げ、税収の増大を図ったのである。そして流行が過ぎたあとにもこの税率が適用され続けたため、各ボウリング場はその負担に苦しんだ。ＪＢＣと日場協はこの税の撤廃運動をおこなったが、請願理由の違いにより、足並みがそろわなかった。日場協はボウリング場でおこなわれるすべてのゲームに対しての免税を請願してきたが、ＪＢＣはアマチュアの競技者を守るために、指定競技場での公認ゲームについてのみ、免税を請願した。この請願理由のずれは、娯楽施設利用税撤廃が進まない要因の一つだった。なお、時期はやや異なるが、八二年の一年間にボウリング場から徴収された娯楽施設利用税の総額は、東京都で九億三千万円、全国で八十億円だったと言われる。[2]

関連団体の対立の深刻化

流行の末期には様々な面でＪＢＣと日場協の対立が鮮明化した。[3] ＪＢＣによって公認されたボウリング場同士の協議機関として、一九七四年に全指協が結成されたが、これは明らかに従来の日場協の領域に踏み入ったものだった。一方、ボウラーの組織としてはＪＢＣがその中心にあったが、のちに述べるように六七年に日本プロボウリング協会（以下、ＪＰＢＡと略記）ができたうえ、さらに七二年には日本ボウラーズ連盟（以下、ＮＢＦと略記）が結成され、ボウラー組織も分裂状態に陥った。[4]ＪＢＣは競技志向のボウラー育成を目指したのに対して、ＮＢＦはより楽しく、必ずしも競技力向上だけが目的でないような形でのボウリングの普及を目指す組織である。また前者は、自会員とプロボウラーの交流を禁止するようになったが、後者はそのような方針は取らなかった。

こうした全指協対日場協、ＪＢＣ対ＮＢＦの対立の軸にあったのは、ボウリングに求めるイメージの違いであった。特に、ＪＢＣの掲げたアマチュアリズムという理念が、対立をより際立たせていた。

ところで、アマチュアリズムとは何か。二〇一七年現在では、アマチュアリズムという言葉はスポーツ界ではほとんど聞かれなくなったが、一九八〇年代頃までのスポーツ界の重要なキーワードであった。内海和雄によると、事典や辞書類でのアマチュアリズムとは、大きく分けて「素人」「愛好者」「金銭をもらわない人」という三つの領域から構成されているという。[5]この概念の歴史的変遷についてここで詳しく述べる紙幅はないが、七〇年代当時の日本のスポーツ界では、アマチュアリズムとは金銭的報酬などを受けずに、競技力向上を目指すような姿勢を意味していた。アマチュアリズムの対義語はプロフェッショナリズムで、金銭的報酬を受け取ってスポーツをおこなうプロ選手は、アマ選手にとって一種の蔑みの対象でもあった。

そして、世界最大の総合スポーツ大会であるオリンピックは「アマチュアの祭典」と呼ばれ、アマチュアリズムを色濃く反映した形で発展していった。当時の日体協は、オリンピックに選手を派遣する日本オリンピック委員会（以下、ＪＯＣと略記）も兼ねていたため、日体協も必然的にアマチュアリズムを至上価値として掲げていた。

ＪＢＣは、その結成当初から日体協への加盟を悲願としていて、そのためにはボウリングがアマチュアリズムにのっとったものであることをアピールする必要があった。だが流行当初の時期には、その点はある程度曖昧にされていて、それにより日場協との協調が可能となっていた。

そもそも、ボウリングは民間施設が中心になって発展した種目だという点において、アマチュアリズムよりもプロフェッショナリズムと親和性が高かった。この点は、ゴルフを除いたほかのスポーツとボウリングの大きな違いだったと言える。実際、多くのプロボウラーはボウリング場の従業員として勤務する傍らプレーをおこなったり、金銭的報酬をもらってデモンストレーションのプレーをおこなったりしていた。こうした実態は、アマチュアリズムを掲げるＪＢＣから見れば、必ずしも歓迎できる状況ではなかった。[6]だが、現実的にはＪＢＣ会員のボウラーも、前述のようなプロ行為をおこなっていた。また、岩上太郎や矢島純一といった有名プロボウラーはＪＢＣ会員となり、ＪＢＣ主催の大会に参加していた。こうした問題は、一九六〇年代半ばにボウリング業界に混乱を招いた。

この矛盾に対応するために、一九六七年にはプロボウラー団体のＪＰＢＡが設立され、それに先立つ六六年にはプロ選手たちがＪＢＣを除名されていた。ＪＰＢＡの設立によって、男子プロ選手一期生が十九名誕生し、さらにその二年後には女子プロボウラー一期生が十三人誕生した。ただし、このＪＰＢＡの設立は、のちのＪＢＣ対日場協のような激しい対立を生むものではなく、ＪＢＣとしてはプロとアマの区別をつけることができたという点で、むしろ歓迎されるべきものだった。当時のＪＢＣの市村東九郎理事長は、「今までアマだかプロだかわからないような人がいて、そのケジメをつけるためにプロ協会が生まれたという見方がある。私はアマ団体の立場にあるので直接にプロを応援するわけにはいかなかったが、側面からなんとかしてあげたい気持ちだった。これからの議題だが、プロ協会が厳格な方針に徹すれば、むしろ、マイナス面は少なく、ＪＢＣ側としてはすっきりしたといったかんじである」(7)と、プロに対して肯定的な感情を示していた。

一九六〇年代末頃まで、ＪＢＣはアマチュアリズムを守るという理念を持ちながらも、プロフェッショナリズムを積極的に否定はしないという態度を取っていた。しかし、こうした態度は七一年の独禁法問題以降、方向転換される。文部省や日体協がＪＢＣに対して積極的に指導をおこなうようになり、そのなかでＪＢＣのアマチュアリズム志向が色濃くなると同時に、プロフェッショナリズムを否定するような動きも強まっていった。そして、七四年八月に開かれたＪＢＣの緊急理事会では、プロとアマの交流禁止が決定された(8)。

プロ・アマ交流の禁止措置によって起こった問題は、第一にプロとアマが混在する大会（オープン大会）が消滅したことである。そして第二に、ＪＢＣ会員の多く所属するボウリング場で、チャレンジマッチが開催できなくなったことだった。チャレンジマッチとは、一般のアマボウラーがプロボウラーに挑戦する企画のことであり、アマボウラーの間では腕試しとして人気を博していた。この禁止措置について、アマボウラーたちは、「プロへのチャレンジは大きな楽しみだった。これがいけないとなると、ボウリングの大きな楽しみが奪われた感じです」「窮屈になったナアーという感じ。プロチャレンジの体験は楽しい思い出、センターのプロからもいろいろアドバイスを受けている。自分はJBC会員だが、どちらかといえば、アマ精神に反すると言われても、プロとの交流ができる方がよい」[9]などと、この決定に対して否定的な意見を持つアマボウラーが多く存在した。

また、全指協対日場協というボウリング場の統括組織の対立にも、アマチュアリズムの問題が根深く関係していた。全指協が各ボウリング場を指定競技場として公認する基準は、①経営の姿勢、②施設と環境、そして③JBCに対する理解度の三点であった。[10]①は、主に過大景品が提供されていないかが問題とされ、②は、JBCがジュニア年代の育成に力を入れていたこともあり、子供でも出入りできるような健全な環境であることが基準になった。そして③は、まさにアマチュアリズムにのっとってボウリングを普及させる意志があるかが問われていて、NBFの支部になっているボウリング場は、③の理由によって指定競技場としての公認を受けることができなかった。

これらと並行して、少し前の一九七三年には、ボウリング人気を復活させ、流行終息に歯止めをかけるために、プロボウリング日本リーグが始められた。このリーグは、読売新聞社（読売ビッグハンズ）、阪神電鉄（阪神ジャガーズ）、シチズン時計（シチズンチャレンジャーズ）、岩倉組（岩倉トム）、第一ホテル（第一ホテルロイヤルズ）、岡本理研ゴム（岡本理研アポロズ）の六企業がそれぞれチームを保有し、対抗戦で日本一を競い合うものだった。しかし、起死回生の一手になるはずだったこのリーグにも、前述の関連団体の対立が影を落としていた。この時期にはJBCが指定競技場制度を推し進め、日場協との対立が鮮明化していたからである。そしてこのリーグの第一回評議委員会で、リーグはJBCの指定競技場のみでしか開催できないことが決定された。まだプロ・アマ

図24　読売ビッグハンズのファン手帳
（出典：『Bowling Style 2011』〔サンエイムック〕、グローバルプラネット、2011年、53ページ）

交流の禁止措置が決定されておらず、ＪＢＣはプロボウリングの可能性に期待していたのである。

結果的に、このプロリーグはたった一年で幕を閉じることになる。その直接的な原因は、阪神ジャガーズのリーグ脱退によるものだった。これには、前述のプロ・アマの交流禁止措置が影響を与えていた。阪神ジャガーズは、兵庫県にあるいくつかのボウリング場をチームのホームセンターとしていた。これらのボウリング場では、阪神ジャガーズ所属のプロ選手へのチャレンジマッチを実施するなど、一般のアマボウラーにサービスをおこなってきた。プロリーグ参加には多額の運営費がかかるものの、こうしたプロとの交流事業を通じて各ボウリング場の経営力を高めることで採算を取っていた。ところがＪＢＣによるプロとアマの交流が禁じられると、こうした施策ができなくなってしまった。阪神ジャガーズにとってリーグに参加する意味が薄れ、脱退せざるをえなくなったのである。

以上のように一九七三年以降、急坂を転げ落ちるように流行が終息したのは、確かに直接的には過当競争や景気低迷といった重要な要因があった。だが、その裏には関連団体の乱立や、それらの対立構造があったことも見逃せない。苦境に立たされたボウリング業界を盛り上げようと、娯楽施設利用税撤廃運動、ボウラーの裾野拡大、プロリーグ結成など様々な施策が打たれたものの、業界内での対立構造の深刻化によりこれらはほとんどが頓挫していった。こうした関連団体の対立の根幹にあったのは、ボウリングをどのような種目として普及させていくのかというイメージの問題だった。ＪＢＣも日場協も、ボウリングを〈レジャー〉ではなく〈スポーツ〉として普及させようと考える点では一致していたが、その〈スポーツ〉のイメージについて、厳格なアマチュアリズムにのっとった「純粋スポーツ」とするか、それとも〈レジャー〉的な要素を盛り込んだ「社会スポーツ」とするのかが、決定的な溝になっていたのである。

　また、もう一点重要だったことは、関連団体の対立が深刻化することで各ボウリング場の経営に対する影響力が失われたことである。関連団体の影響力低下によってボウリング場が乱立したことはすでに述べたが、それに加えて、各ボウリング場のサービスに対する指導が及ばなくなったことも見逃せない。流行期のボウリング場は、アメリカのそれとは対照的に、設備の回転率向上を主眼とした施策を取っていた。したがって、人々の交流を促すようなサービスや飲食物の提供といった施策は不要であるどころか、むしろ経営にマイナスな要素であった。そのため、従業員の挨拶などの細かい点も含めたサービス業としての顧客満足度を高めるような取り組みが積み上がっていかず、その結果、オイルショック後には人々をボウリング場につなぎとめることができなかった。例えば

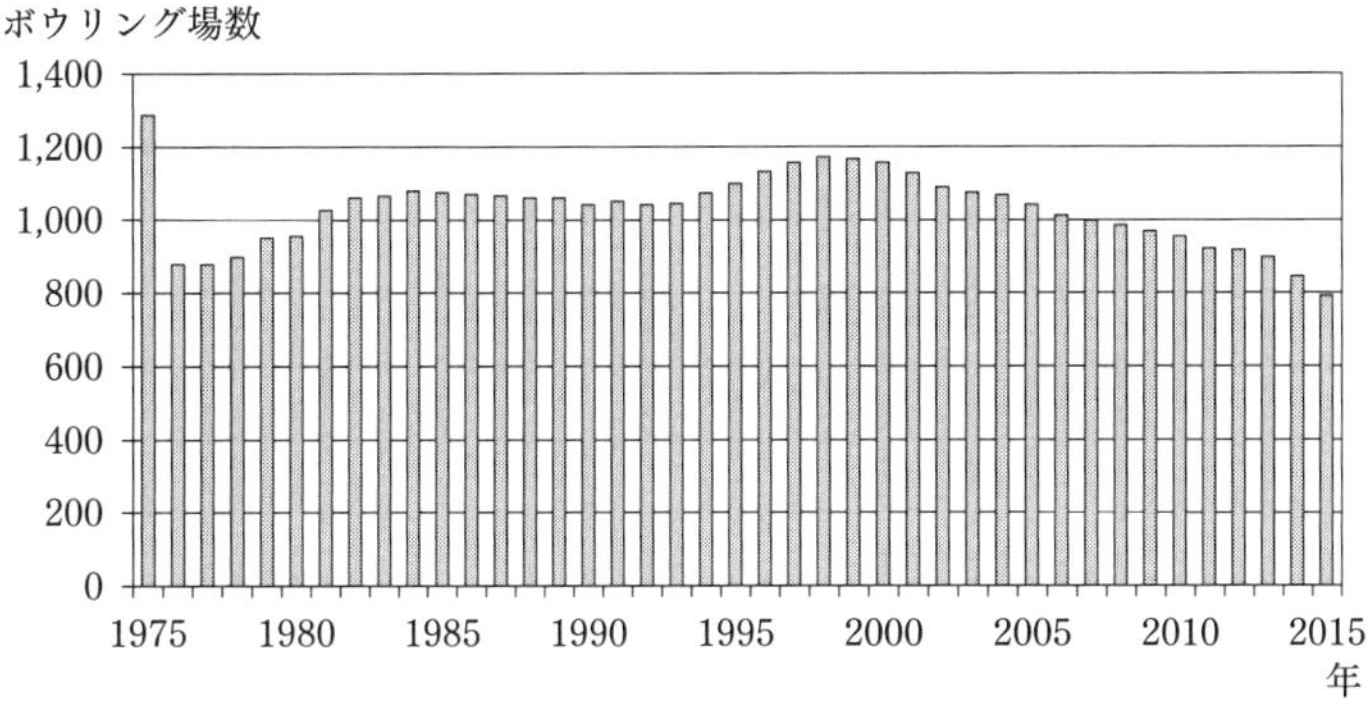

図25　ボウリング場数の推移
（出典：前掲「年別全国センター数・レーン数」から筆者作成）

レンタルシューズの返却の仕方が悪いと店員が客を叱るという光景が見られたように、[11] むしろボウリング場がボウリングを「させてあげている」というような経営姿勢も多く見られた。こうした点について、当時の関連団体は指導の必要性を自覚していたにもかかわらず、有効策を講じることができなかった。

2　人気の復活（――一九八〇年代半ば）

こうして、一九七〇年代半ばにはボウリング業界は混乱を極め、ボウリング場が次々と倒産していった。だが、七〇年代後半から徐々に回復の兆しが見えるようになってきた。図25は、七五年から二〇一五年のボウリング場数の推移を示したものである。これを見ると、流行期以降のボウリング場数は、一九八〇年代半ばと九〇年代後半に、それぞれ盛り上がりを見せたことがわかる。

以下ではまず、一九八〇年代半ばまでの盛り上がりの様子を見ていきたい。ボウリング場数が下げ止まり、再び増加に転じた背景には、どのような要因があったのだろうか。

ボウリング場の経営状況の変化

すでに見た図12（三四ページ参照）によれば、一レーン当たりの一日の平均ゲーム数は、もっとも少ない時期で一九七四年の十五・〇ゲームだった。この時期が人気の底となっていたが、それから平均ゲーム数は徐々に増加していった。七九年には、平均ゲーム数が三十を超え、このあたりからボウリング場が再度増加していった。この増加は、ボウリング場が新設されたというよりも、流行終息時に休業していたボウリング場が再オープンしたことによる。例えば八三年には、全国で二十八センター、六百六十七レーンが再オープンしている[12]。その背景には、平均ゲーム数が多くなった状況で、すでにボウリング場を保有している企業が、休業中のボウリング場を買い取ってチェーン化することで売り上げを拡大するというケースも見られた。この場合には、まずフロア数の見直しがおこなわれ、過剰に大きいボウリング場の場合には、空いたスペースを英会話スクールやテニスコートなどに転用し、ボウリングレーン数を適切な規模に整えることが必要になった。土地と建物は既存のものを利用できるため、大掛かりなコストは新しい設備を入れ替えることだけであった。適切なレーン数に設定すれば、再オープンのボウリング場は二年程度で採算ラインに乗せることが可能になったのである[13]。

一九七〇年代後半からボウリング人気が復活した第一の経営的要因は、過当競争の末に多くのボウリング場が倒産した結果、その競争環境が好転したことにある。前述のように、流行終息期のボウリング場は、激しいダンピングを繰り返した。そのせいで、お互いの利益を削り合うような過酷な競争が起こり、多くのボウリング場があえなく倒産していったのである。ボウリング場は特殊な構造をしているために転用が比較的難しく、大きなピンのオブジェを掲げたまま廃墟となったものもある。また、倒産はしないまでも一時休業するようなケースや、施設の一部だけを休業とし規模を縮小して営業を続けるようなボウリング場も多く存在した。こうした流れから、ボウリング場数は適正な規模にまで縮小し、生き残ったボウリング場の経営状況を好転させることにつながったのである。

ボウリング復活の第二の経営的要因は、ほかのレジャーに比べて相対的に安い料金でプレーできるようになったことである。オイルショック以降、人々のレジャー欲求は、ＤＩＹなどの安上がりで実利性があるものに吸収されていった。しかし、景気の回復とともに人々の余暇活動への消費額は徐々に上昇するようになり、一ゲーム三百円程度のボウリングは比較的安価な余暇活動になっていった。一九八四年に実施された調査によると、当時の参加人口が多いレジャーはドライブ、国内旅行、海水浴、トランプなどであり、これらの一回当たりの平均消費額は、それぞれ三千百五十円、三万千八百円、六千九百十円、百四十円であった(14)。これに対してボウリングの一回当たりの平均消費額は千六百四十円であり、人気があるレジャーに比べても安価に楽しめるものだった。

そして、ボウリング復活の第三の経営的要因として、一九七八年にタイトーからリリースされた『スペースインベーダー』というアーケードゲームの流行を見逃すことはできない。当時ゲームセンターや喫茶店に『スペースインベーダー』の筐体が置かれるようになったが、それはボウリング場も例外でなく、その空きスペースに『スペースインベーダー』の筐体が設置されると、ボウリングそっちのけでゲームに集中する者が続出した。神奈川県ボウリング場協会による七九年の調査の結果では、会員となっている四十八センターのうち、四十六センターに『スペースインベーダー』の筐体が設置されていた。[15]設置台数は合計三百十四台で、平均すると一センターに約六台が設置されていたことになる。もっとも多いセンターでは三十二台設置され、一カ月の売り上げが一千万円以上だったという。こうした『スペースインベーダー』ブームは、ボウリング場の経営を安定化させる一つの要因になった。

ボウリングブーム以後のボウリング場経営は、過当競争の解消、ゲーム代が相対的に安価になったこと、そして『スペースインベーダー』ゲームの人気といった要因によって好転していった。ただし、見てきたように各ボウリング場の外的要因による影響は大きかったが、より重要な点は、各ボウリング場の経営努力であった。多くのボウリング場は従来のサービスを見直し、客への挨拶や清掃といった基本からサービス業としての自覚を高めていった。流行期のボウリング場は、建てれば儲かる「施設産業」と呼ばれていたが、もはやそうした時代は過ぎ去り、ボウリング場は「サービス産業」へと変化していったのである。例えば栃木県のあるボウリング場では、プロボウラーによるボウリング教室の実施、餅つき大会、深夜の来場者にカップラーメンをプレゼントするなどの施策が取られた。[16]さらに、流行期のような二、三時間待ちのボウリング場も現れると、待機時間が一時間を超える客にはおしぼりを配り、ゲーム優待券や福引券を渡すなどのサービスも見られた。[17]

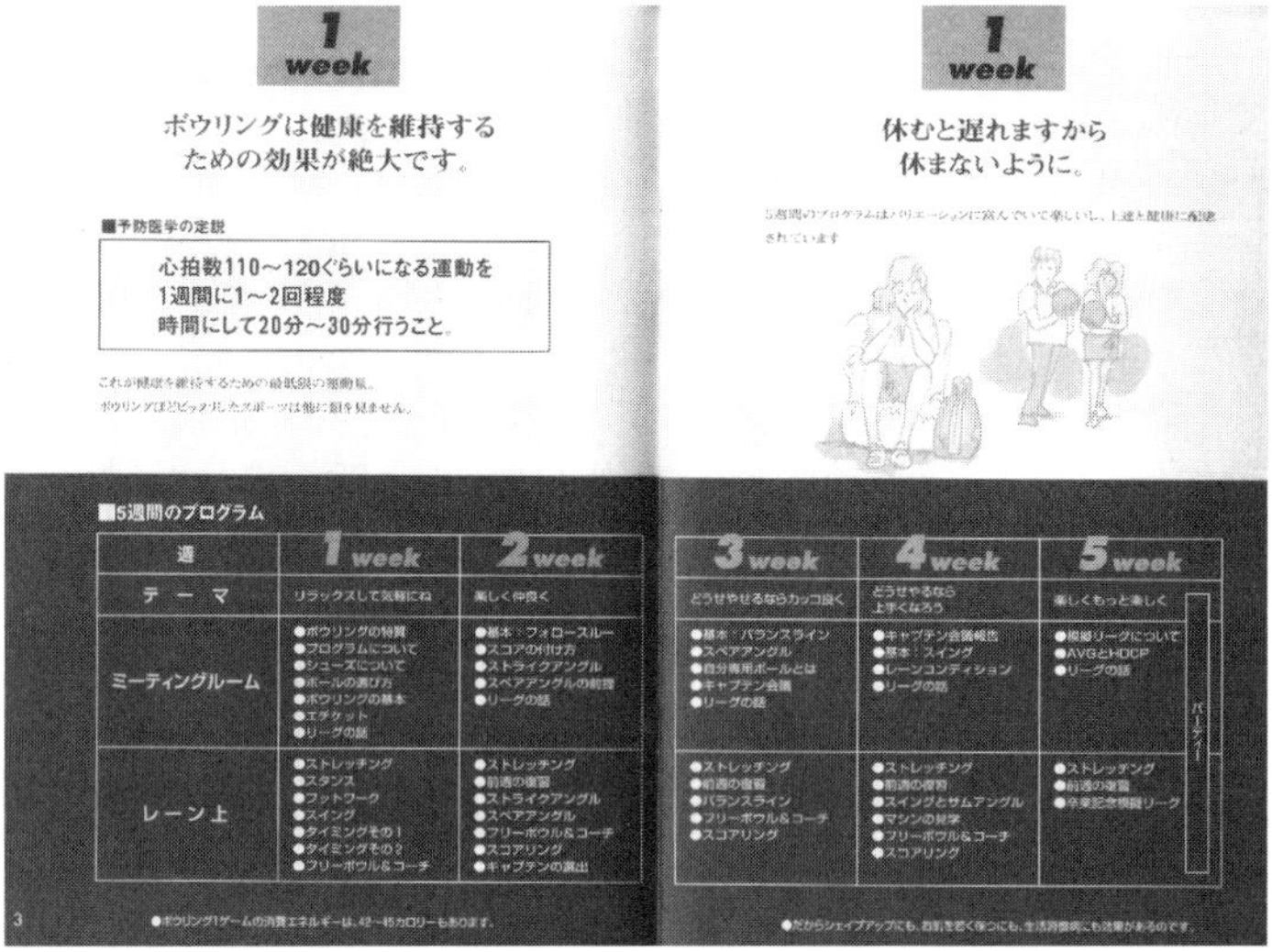

図26　LTB 教室のテキスト
（出典：日本ボウリング場協会「L.T.B. SCHOOL TEXT」日本ボウリング場協会、1998年）

このような経営努力が、ボウリング人気復活の根底にあったと言っていいだろう。
当時の各ボウリング場の経営努力として、もっとも重視されたのが、固定客の創出だった。流行期のボウリング場が設備の回転率に依存する経営モデルを構築していたことへの反省から、アメリカ流のリーグボウラーを育成するような経営施策を取るボウリング場が次第に増加していった。その一つが、LTB（Learn to Bowl）である。これは、アメリカのボウリング場経営施策を輸入したもので、各ボウリング場のプロボウラーが、一般ボウラー向けに格安でレッスンや教室を開講するといったものだった。つまり、ボウリングの基礎について安価に指導をおこなうことで、そこからボウリングにのめり込む客を増加させるという施策である。そこでは、ボウリングは健康にいいという謳い文句が多く用いられた。少子高齢化が問題化されつつあったこの時期には生涯スポーツという言葉も生まれ、スポーツを通じた健康づくりが注目され始めた。ボウリングは、ジョギングなどに比べると運動量が少なく、また気軽に始められることから、格好の生涯スポーツだという宣伝文句で集客をおこなったのである。

関連団体の関係性の改善

このように、一九七〇年代後半からボウリング場数が再び増加に転じた背景には、ボウリング場の経営の好転があった。そして、流行の盛衰に大きく関わっていた関連団体の動向もまた、この時期のボウリングの復活に影響を与えていた[18]。

流行の終息期には、ボウラーの団体としてはJBCやNBFなどが、ボウリング場の経営や公認のための組織としては日場協や全指協などが、それぞれ分立し、対立していた。こうした関連団体の対立は、規制力低下によるボウリング場の乱立、娯楽施設利用税の撤廃運動における足並みの乱れ、プロ・アマ交流の禁止措置とそれに伴う一般ボウラー参加の大会の減少などの形で、ボウリングブームの終息に影響を与えていた。一九七〇年代半ばは、こうした混乱がピークを迎えた時期だった。

この状況を受けて、一九七五年頃から業界内で大同団結の機運が高まり、七七年三月、当時のJPBAの宮川毅常務理事の提案で、ボウリングの振興策を話し合いマスコミに情報を発信する機関として日本ボウリング振興協議会（以下、新NBCJと略記）が立ち上げられた[19]。しかし、JBCはそこに加盟しなかった。その理由は、やはりＪＢＣと新ＮＢＣＪが掲げるスポーツ観のずれであった。ＪＢＣ理事会は、利益を追求する団体が中心に立っていてはボウリング振興は実現せず、利益を追求しないアマチュアスポーツとしての団体が中心になるべきだという結論を出した。

依然としてそのスポーツ観をめぐって分裂を続けるボウリング関連団体だったが、一九七八年のアジア大会選手派遣問題以降、次第に関係性に変化が現れる。七七年末、翌年にタイのバンコクでおこなわれる第八回アジア大会のボウリング競技の選手派遣について、ＪＢＣと新ＮＢＣＪの二団体がＪＯＣに要望書を提出した。特にＪＢＣにとって、「アジア版オリンピック」であるアジア大会に自会員を選手として派遣することは、ボウリングがアマチュアスポーツであることを人々にアピールするための格好の機会だった。しかしながらＪＯＣは、ＪＢＣも含めたボウリングの選手団体が日体協に加盟していないことと、選手団体が分裂していることを理由に、選手派遣についての決定を先延ばしにした。

ＪＢＣが自会員をアジア大会に派遣するためには、日体協に急いで加盟するか、新ＮＢＣＪとの分裂状態を解消するかの二つの方法しか残されていなかった。

第一の選択肢としての日体協加盟については、ＪＢＣは一九六八年の時点で一度、加盟申請をおこなっている。この際には、都道府県単位のボウリング協会がその地域の体育協会に加盟している例がないことと、アマチュア規定が整備されていないことなどを理由に加盟が保留されていた。それ以来、各都道府県にあるボウリング協会が地域体育協会に加盟し、その数を増やすことでＪＢＣの日体協加盟を達成しようとしてきたが、一九七七年までに都道府県体育協会に加盟している都道府県ボウリング協会の数は、全国で十八にすぎなかった。[20] 結局、この少なさによって、七八年の日体協加盟申請も保留とされてしまったのである。

そして第二の分裂状態解消について、JBCは、JOCからの要請もあって新NBCJとの話し合いのテーブルにつくことになった。アジア大会への派遣選手の決定方法について、当初、JBCは自会員以外を認めないとの方針を掲げていた。しかしJBCは、この話し合いで、①選手資格を有するのはJBC会員およびすべてのプロボウラーとする、②第一次選考会場はJBCの指定競技場とする、③第二次選考以降、非JBC会員は臨時登録会員もしくは登録会員とならなければならない、という、やや緩和した三つの条件を提示した。ところが、この時点ではまだ日体協加盟の申請中だったが、結局それも保留とされると、JBCは新NBCJ側に譲歩して、①選考を勝ち抜いた選手がJBC、NBF、ABBF、全国大学ボウリング連合のいずれの会員でもない場合だけ、JBCの臨時登録会員もしくは登録会員にならなければならない、②第一次選考はJBCの指定競技場に限らず、ボウラーが日頃利用しているセンターで、国際柱技者連盟の規定に沿って実施する、③第二次選考と最終選考は、JBC主催、NBFおよびABBF協賛でおこなう、といった条件で実施されることになった。これは、JBCの当初案に比べて、選手資格の面でも競技場資格の面でも、大幅に譲歩するものだった。そしてこの条件で選考が実施された。

選考の結果、日本代表として派遣された選手はすべてJBC会員になった。しかし、この結果自体はさして重要ではなく、選手派遣のためにJBCが新NBCJ側に様々な条件を譲歩した点こそが重要だった。選考会を三つの選手協会が合同で実施したことは、後の関連団体の大同団結の第一歩だった。実際この直後には、愛知県において、ＮＢＦ愛知県支部主催、愛知県ボウリング場協会の協賛、そしてＪＢＣ愛知県連、ＡＢＢＦ名古屋支部、中部学生連盟の三つの選手協会の後援による大会が実施された。ただし、こうした大同団結はアマチュアレベルの団体のものにすぎず、依然としてＪＢＣはプロボウラーとアマボウラーの交流を禁じていた[21]。

こうした関連団体の大同団結の機運は、娯楽施設利用税の撤廃運動の前進を生んだ。従来、ＪＢＣは競技志向のアマチュアボウラーのゲームのみに対する課税撤廃を訴え、日場協はすべてのゲームへの課税撤廃を訴えるという形で、請願理由が分裂していた。しかし、一九八三年には新ＮＢＣにＪＢＣが加わった八団体によってボウリング税務対策協議会が結成され、娯楽施設利用税撤廃運動を合同で展開するようになった。結局、八六年には、学校体育実技、国体、各都道府県民大会におけるボウリング競技の娯楽施設利用税が免税されることになった。さらに八八年には、日場協が主催する大会などが娯楽施設利用税の免税対象となった。このように、もともと流行期における業界の団結は税金への対応から始まったが、分裂期を経て再び業界団体の協調関係が構築されるようになった際にも、税金への対応が重要な役割を果たしていた。

ＪＢＣは、各都道府県ボウリング協会の地域体育協会加盟を引き続き推進することで、日体協加盟を目指した。一九八三年には、全国で三十三の協会が地域体育協会に加盟することができ、こうした実績を掲げて三度目の申請をした。そして八三年三月に、悲願の日体協加盟を果たした。さらに同年には、国体の正式競技化の請願もおこなった。その結果、八七年の第四十二回沖縄大会で公開競技となり、第四十三回京都大会で正式競技になった[22]。さらに世界レベルに目を向けると、八六年に、オリンピックソウル大会の公開競技としてボウリングが実施されることが決定した。それに伴って日場協は、日体協のオリンピックキャンペーンへの協賛を始めることになった。

以上のように、一九七〇年代後半以降、ボウリング関連団体の関係性は、紆余曲折を経ながらも漸次改善に向かっていった。その過程では、アジア大会への選手派遣、娯楽施設利用税撤廃運動の進展、JBCの日体協加盟、ボウリングの国体競技化などで、総じてボウリングは〈スポーツ〉だというイメージを形成していた。これらに加え、新NBCJは学生を対象としたPRキャンペーンや、中学・高校のPTAにも粘り強く訴えかけるキャンペーンを実施したが、こうした取り組みは業界の当事者側からもボウリング復活の一因となったと評価されている[23]。

ただし、表面上は団結したボウリング関連団体だったが、依然としてアマチュアリズムにこだわるJBC、アマチュア団体だがより〈レジャー〉寄りを志向するNBF、プロ団体であるJPBAの三つの選手協会は併存していたし、ボウリング場の統括組織としての日場協と全国ボウリング公認競技場協議会[24]も併存していた。かつてのような激しい対立は終息したが、こうした分裂構造は二〇一七年現在も続いている。

3　人気の安定化(一九九〇年代後半)

一九八〇年代半ばにかけて、ボウリング業界は復活を遂げた。九〇年代に入って、流行期に建てられたボウリング場は老朽化し、また建築基準法の改正や消防法に基づいて消防設備の設置が義務づけられたこともあり、ボウリング場数は一時期減少したものの、九〇年代の後半にかけて再び増加していった。そこにはどのような背景があり、またボウリング場のあり方はどう変わっていったのだろうか。

コンピューター設備の普及

この時期のボウリング場経営でもっともインパクトがあったのは、コンピューター設備の普及だった。ボウリングの最大の魅力は、各フレームの一投目で十本のピンを倒すストライクである。しかしストライクを出した場合には、そのスコアはすぐ集計されない。つまりストライク、あるいはスペアを出すと、その後の投球結果に応じて「ボーナス」が加算されるため、あとの投球が終わってから、さかのぼってスコアを記入する必要がある。このルールは、競技としてボウリングに取り組む人はともかく、ファミリー層、特に子供にとっては複雑な計算を強いることとなる。そうした問題を解決したのが、オートマチックスコアラーの開発・普及だった。これは読んで字のごとく、自動でスコアを集計する装置のことである。一九八〇年代半ばには一台（二レーン分）で四百万円から四百五十万円、[25]より人気がある機種では一台五百五十万円[26]が相場だったが、九〇年代半ばには一台三百四十万円程度[27]と導入コストは低下していった。その結果、八〇年代半ばから徐々に導入が進み、九〇年代後半までには全国のほとんどのボウリング場で採用されるようになった。[28]

オートマチックスコアラーの導入は、スコア計算の苦手な客の心理的ハードルを下げただけでなく、設備の回転率向上にも役立った。つまり、コンピューターが瞬時にスコアを計算してくれることで、客は投球だけに集中すればよくなり、ゲームの回転が早くなったのである。すでに述べたように、日本のボウリング場の経営は、設備の回転率向上に主眼が置かれている。オートマチックスコアラーは、この点で重要な役割を果たした。そして、空いた時間で仲間同士のコミュニケーションも取ることができるようになり、ボウリングの魅力が増した。あるボウリング場の支配人は、こうしたメリットについて「まず第一に、プレーヤー同士の会話がふえたことです。コンピュータのおかげで、採点する手間が一切省かれましたからね。それと、もともとボウリングは好きだけど、採点表をつけるのが苦手だったという人をひきつけることができました。もちろん、われわれ経営サイドからみても、ゲームの進行がスムーズになったというメリットは大きいと思います(29)」という感想を述べている。

また、このオートマチックスコアラーは、ただ自動でスコアを付けるだけの装置ではなかった。各レーンの上部に液晶モニターを設置し、オートマチックスコアラーと連動させることで、様々な効果を生むことができたのである。例えば、ピン付近に小型カメラを設置することで、ピンが飛び散る様子をモニターで確認することができた。また、ストライクやスペアを出した際には、モニターに祝福のメッセージを流すことも可能になった。さらに、空いているレーンのモニターには音楽や映像を流すことで、ボウリング場全体のにぎやかさや華やかさを演出することができた。加えて、ゲーム終了後のスコアシートで、投球内容の確認をおこなうこともできた。図27は、あるボウリング場における、過去の成績を参照したスコアシートである。こうしたスコアシートを発行できるよ

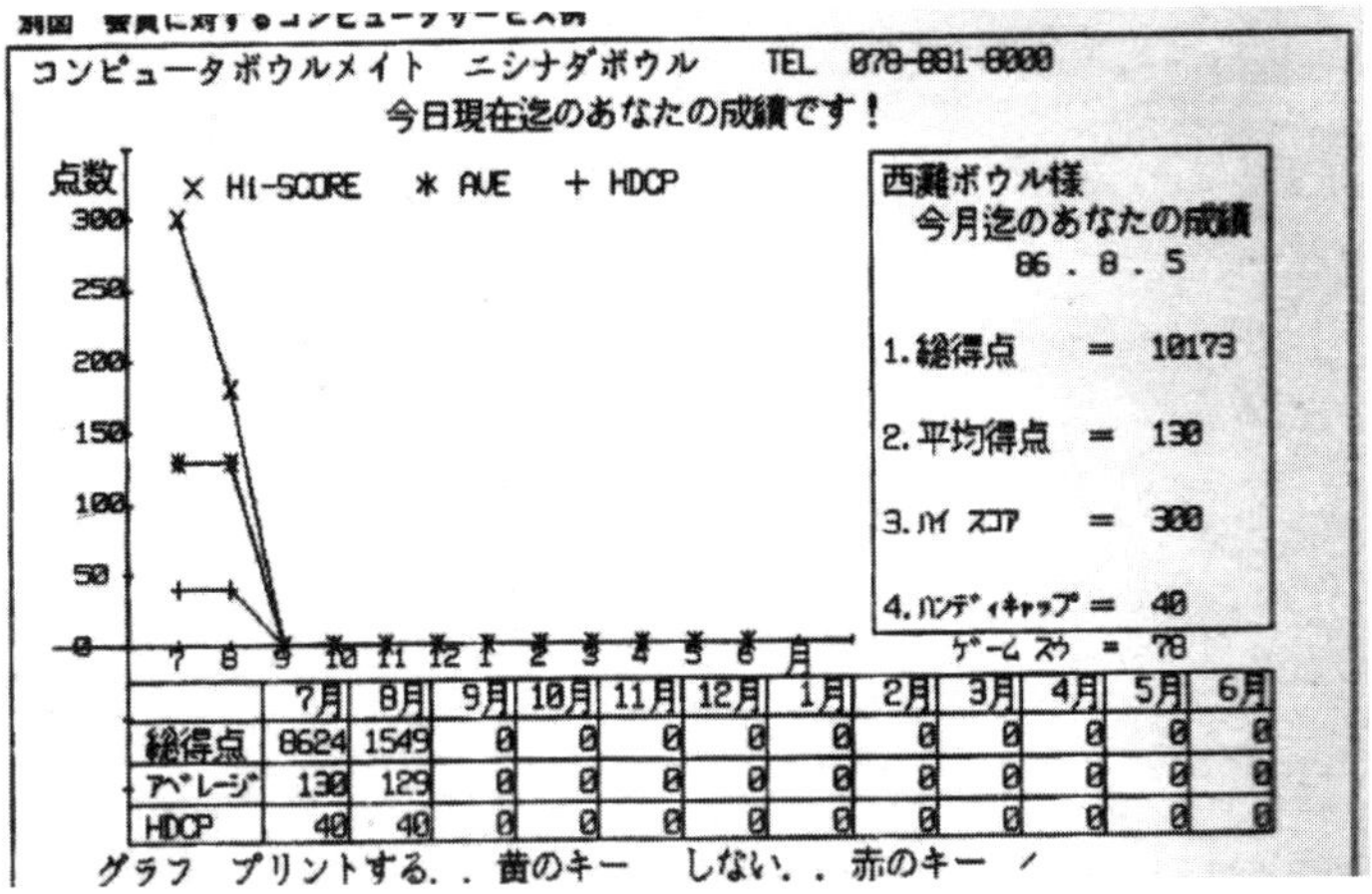

	7月	8月	9月	10月	11月	12月	1月	2月	3月	4月	5月	6月
総得点	8624	1549	0	0	0	0	0	0	0	0	0	0
アベレージ	130	129	0	0	0	0	0	0	0	0	0	0
HDCP	40	40	0	0	0	0	0	0	0	0	0	0

図27　過去の記録も含めたスコアシート
（出典：「月刊レジャー産業資料」第225号、綜合ユニコム、1986年、179ページ）

うになったことは、オートマチックスコアラー導入による明確なメリットであり、ボウリング場の固定客の創出にもつながったと考えられる。

こうしたコンピューター設備の導入によって、ボウリングに新しい楽しみ方が加わった。例えばあるボウリング場では、一フレームごとにピンの配置が変わるゲーム、一フレーム一球でストライクにだけ挑戦するゲーム、ゴルフのようにパーが設定され、少ない投球数でのクリアを目指すゲームといった具合に、様々なルールでのゲームが提供されていた(30)。図28に見られるように、当時はコンピューター導入を謳い文句とすることで集客を図るボウリング場も数多く存在した。

コンピューター設備の導入は、各ボウリング場の売り上げを軒並み上昇させた。例えば、一九八三年にコンピューター設備を導入したあるボウリング場では、導入後三年間で一レーン当たり十五ゲームほどゲーム数が増え、ゲーム単価が二百九

図28　コンピューター導入を謳い文句にしたボウリング場
（出典：「月刊レジャー産業資料」第285号、綜合ユニコム、1991年、176ページ）

十円程度から三百三十円程度に増加した。月の売り上げも従来千百万円から千二百万円程度だったものが、導入の一年後には二千五百万円程度に倍増した。[31] また、八九年末に設備を導入したあるボウリング場では一年後に前年比約二〇％の売り上げ増を達成し、[32] さらに九〇年に設備を導入した別のボウリング場では、前年比二〇％から二五％増の売り上げを記録した。[33] しかも、こうした単純なゲーム代による売り上げの向上だけでなく、顧客データや売り上げデータ、リーグの管理や、それらを用いた有効なセールスプロモーション戦略を立てることも可能になったのである。

一九八〇年代半ばから普及し始めたコンピューター設備は、ボウリング場の経営効率を高めたうえに、ボウラーにとっても効率的で快適なプレーを提供するものになった。そしてボウリング場経営を安定させ、ボウリング人気の安定化を促した。すでに述べたように、流行期には自動式ピンセッターの開発がボウリング場の経営効率を大きく高めていたが、この時期のコンピューター設備は、それと同様のイノベーションを引き起こしたと言える。

郊外への進出と複合化

図25（一五九ページ参照）で見ると、一九九〇年代後半にかけてボウリング場数が再び増加するが、それらの多くは、実は従来とはまったく異なる立地に建設されたものだった。前節まで見てきたボウリング場の盛衰は、主に都市部を中心に起こった出来事だった。ところがこの時期には、郊外に多くのボウリング場が建設されたのである。したがってこの場合のボウリング場の増加を論じるには、郊外の発展の問題を考えなければならない。

ボウリングブームがそのピークを迎えていた一九七〇年代初頭には、千里ニュータウン（大阪府）や多摩ニュータウン（東京都）のような、郊外型住宅が大規模に整備されるようになっていった。これは、単純に居住空間が郊外に広まったということだけではない。郊外型住宅の整備は、学校や病院といった社会的インフラの郊外進出も伴っていたことから、人々の生活圏そのものが都市部から郊外へと広がったことを意味していたのである。そして、日本中に新たな国道が整備され、その道路沿いに様々な店が進出するロードサイドビジネスが誕生した。七〇年代には、ファミリーレストランやホームセンターなどの大型店舗が、ロードサイドに次々と出店していくようになる。

一九八〇年代に入って多くの公共事業が実施されるようになると、その一環として各地にバイパス道路が整備された。これらのロードサイドにはさらに多くの大型店舗が建設されるようになり、より広域の商圏を意識したショッピングセンターをはじめ、家電量販店、玩具、薬品、レンタルビデオ、カラオケなどの業種の大型店舗が加わった。

やがて一九九〇年代に入ると、バブルの崩壊に伴って地価が下落した結果、ますます多様な業種の大型店舗がロードサイドに進出した。特にコンビニエンスストアや家電量販店などが多く進出したが、その波のなかにボウリング場も含まれていた。

ここで、大型店舗がロードサイドに続々と進出するようになった背景を説明したい。従来、日本には、大規模小売店舗における小売業の事業活動の調整に関する法律（以下、大店法と略記）というものがあった。[34]大店法は、主に中小小売店舗の小売事業の活動を適正化することで、消費者を保護しようとする趣旨のもと、一九七四年に施行された。この法律では、広大な面積を持つ大規模小売店（スーパーマーケットや百貨店など）が建設される際には、地元の関係者（商工会議所や消費者代表など）と協議しなければならないという規制が設けられている。大店法は、数年ごとに改正されたり、運用が変わったりするなどの形で、規制される店舗面積や協議内容などは変動していったが、少なくとも八〇年代まで、大規模小売店舗は新たに出店することが非常に難しかった。従来の小売事業を支えていた中小小売店舗による反発が強く、大規模小売店舗は簡単に事業進出できなかったのである。

ところが一九九〇年代に入って、大規模小売店舗を日本に出店したいと考えるアメリカ企業の圧力で、大店法は規制力を徐々に失っていく。九〇年代初頭から大店法の運用が段階的に見直され、大規模小売店舗の建設条件（面積など）と営業条件（営業時間など）が大幅に緩和されていった。その結果、大規模小売店舗が各地に建設され、とりわけ九五年から九七年度の間には、全国で毎年二千件近くの大規模小売店舗の出店届出が出された(35)。この増加に伴って、都市部での中小小売店舗が衰退し、これがいわゆるシャッター商店街の増加の一因になったと言われる(36)。

こうした大店法の規制緩和に加えて、一九九〇年代半ばはバブル経済の崩壊が明らかになった時期でもあった。バブル経済が崩壊すると、大都市近郊にあった工場の多くが閉鎖したり、移転したりした。これらの工場は、トラックなどによる輸送に便利な郊外のロードサイドに作られることが多かったため、九〇年代半ばには、その跡に広大な空き地が出現することになった。これらの土地は鉄道駅から遠いため、マンションなどの住宅を建設することは難しい。そこで、ショッピングセンターに代表されるような大規模小売店舗がこうした空白地を埋めていったのである。

一九七〇年代以降の郊外の発展を背景にして、ボウリング場は九〇年代に入って郊外に進出していく。ボウリング場は小売店ではないので、大店法の規制緩和と直接的な関係はないが、大店法の規制緩和を背景とした郊外発展の一つのアイテムとなっていった。ボウリング場は、例えばテニスコートやフィットネスクラブなどに比べて、相対的に広い土地が必要とされる。また、ボールがピンに当たる音が騒音問題を引き起こすこともある。こうした点から、そもそもボウリング場と都市部や住宅地は相性がいいとは言えなかった。ところが、郊外のロードサイドは住宅地に比べて地価が安いために広い土地が確保でき、さらに住宅が少ないため騒音は問題にならない。このような条件からもボウリング場と郊外は相性がよく、九〇年代後半にかけて郊外型のボウリング場が多く整備された。

図29　ほかのレジャー設備と複合化した郊外のボウリング場（筆者撮影）

実際、一九九〇年代以降のボウリング関連企業は、新規ボウリング場を建設するなら郊外がもっとも採算が取りやすいと考えていた。「月刊レジャー産業資料」第三百五十七号には、「ボウリング場開設にあたっての事業化計画」と題された、ボウリング場事業展開のための留意点をまとめた記事が掲載されている(37)。これによると、今後出店する際には、ショッピングセンター付帯型、郊外複合レジャー施設型、郊外型単独店舗の三種類が考えられるとして、都市部での出店は念頭に置かれていない。また郊外型単独店舗は競争力や集客力の点で難しく、リスクが高いとしていて、郊外で複合型の施設を建てることが現実的だと述べている。

ここで挙がった「複合型」という言葉は、この時期のボウリング場業界のキーワードでもあった。一九九〇年代以降、ボウリング場経営者たちはこぞってほかの設備との複合化を画策した。それは「現在、ボウリング産業において大きな問題となっているのは、ボウリングゲームだけでは経営が成り立たないということである。したがって、これからのボウリング産業では複合施設の導入は不可欠な要素である」[38]という認識に裏づけられたものだった。当時のボウリング場と複合的に付帯された設備としては、ゲームセンター、カラオケ、飲食施設、物販施設などがもっとも多く、そのほかにパチンコ、映画、温泉、卓球、ゴルフ練習場、ビリヤード、ディスコなどを備えるボウリング場も存在した。

また、ほかの業態の施設がボウリング設備を増築するというケースもあった。例えば一九九五年にオープンしたあるボウリング場は、コンテナ型のカラオケ施設をそれまで営業していたが、カラオケ設備の全面リニューアルに際して複合化を計画し、新古書店、ゲームセンター、ファストフード、カラオケ、コンビニ、ボウリング、ゲートボール場などを備える施設となった[39]。

さらには、ほかの業種の施設が出店する際に地元住民から反対が起こらないよう、ボウリング場を「利用」するというケースも見られた。すなわち、ゲームセンターやスーパーマーケットを出店しようとする企業は、騒音や治安などの問題から地元住民から反対されることが多い。そこでボウリング設備を備えることで、ボウリングが持つ健全な印象を利用して、地元住民の反対を出させないようにするばかりか、ファミリー層をも引き込むことをもくろんでいった[40]。

こうした複合化において重要だったことは、ボウリングという種目のイメージに変化が生じていったことである。すなわち、ここまで述べたように、ボウリングは〈スポーツ〉と〈レジャー〉という二つの「顔」を有してきた。一九九〇年代にかけて、ＪＢＣの日体協加盟や国体競技化などを通じて、ボウリングは〈スポーツ〉だというイメージが広まってはいたものの、それはあくまで業界内の理解にすぎず、一般的な認識では、むしろボウリングは〈レジャー〉だというイメージが強くなっていったと言える。ボウリング場の郊外への進出は、この認識を後押しした。なぜなら、郊外型施設は一般的に顧客の滞留時間を延ばすような施策を取っており、そのためにはカラオケやパチンコなどの時間をつぶすことができるレジャー設備が不可欠だった。この流れから、ボウリングはそうしたレジャーの一アイテムとして位置づけられていったからである。この時期に郊外に建てられたボウリング場では、競技外の楽しみを高めるような施策が多く実施されていた。

なお、当時のボウリング場は風適法[41]の適用を受けなかったため、年中無休の二十四時間営業が可能だった。ショッピングセンターやパチンコ店などは適用を受けたため、施設のにぎわいを維持するためにも、ボウリング場の存在は重要だったと考えられる。

こうして、ボウリング関係者が「ボウリング産業は単体では無理であり、企業内ではボウリングが複合のなかの一つのセクションとして位置づけられる[42]」とするように、一九九〇年代後半にはもはや単独型ボウリング場では経営を成り立たせることが難しくなっていった。そして複合型ボウリング場では、必ずしもボウリング単体で採算を取る必要性がなくなっていった。

こうして郊外に多くの複合型ボウリング場が建てられるようになると、ボウリング場の客層にも変化が現れた。郊外には多くの核家族が居を構えるようになっていったが、それに伴って建てられたロードサイドビジネスの店舗は、ファミリーレストランや家電量販店などに代表されるように、ファミリー層をメインターゲットにしていた。当然ながらロードサイドに建てられたボウリング場もまた、これらの店舗と同じくファミリー層をターゲットにしたのである。また、もともと流行期にボウリングをおこなっていた若者が、この頃に家族を形成したということもその背景にあった。

4　〈スポーツ〉と〈レジャー〉の二分化

このように、一九九〇年代には、郊外に複合型ボウリング場が多く建設された。六〇年代半ばから八〇年代までのボウリング場の普及を「都市部単独型の普及」と特徴づけるならば、九〇年代のボウリング場の普及は「郊外複合型の普及」として特徴づけられる。こうして、八〇年代までに建設されたボウリング場と九〇年代以降に建設されたボウリング場との間で、その性格に大きな差が生まれていく。それはつまり、従来のように〈スポーツ〉としてボウリングを売るボウリング場と、ほかの設備との複合でボウリングを〈レジャー〉として売るボウリング場とへの二分化である。

すでに述べたように、本書でのスポーツとレジャーの境界は、遊戯性の扱いが焦点となる。両者とも遊戯性を中心とした活動だが、ボウリングを〈スポーツ〉として売り出そうとする施策とは、ボウリングという競技そのもののなかの楽しみを重視し、競技外の楽しみを抑えることを志向するものだった。そのため、オイルコンディションにこだわったり、プロショップを併設するなどの方向でボウリング場を経営した。

一方、ボウリングを〈レジャー〉として売り出そうとする施策とは、競技そのものに加えて、その外部にあるもの、例えば飲食や仲間との交流、ゲーム機での遊びなども含めてトータルに楽しみをもたらすことを志向した。

流行期には、ボウリング業界全体がこうした二つの方向性の間で揺れ動き、あえてそれを曖昧にすることで幅広い顧客を引き込んでいたが、一九九〇年代において、それぞれのボウリング場が、それぞれの志向性を持って経営をおこなうようになっていった。ボウリングの「顔」が分裂していったのである。

〈レジャー〉の「顔」を持ったボウリング――ラウンドワンの台頭

一九九〇年代以降、ボウリングは〈レジャー〉としてのイメージを強めていったが、そのイメージを推進した代表格はラウンドワンである。ラウンドワンのボウリング場事業は、もともと遊技場経営をおこなっていた杉野興産が八二年、大阪府泉大津市に保有していたローラースケート場にボウリング施設を併設したことが始まりだった。その後順調に店舗数を増やし、二〇一七年現在、ボウリング場経営企業唯一の一部上場企業である。

図30は、一九九四年以降のラウンドワンの国内新規出店件数の推移である。これを見ると、二〇〇〇年前後と、〇〇年代半ばから後半にかけて新規出店が目立つ。現在のラウンドワンは、都市部型（スタンダード型）店舗と郊外型（スタジアム型）店舗に分かれているが、〇〇年前後の出店数増加の際には前者の店舗が多く作られ、〇〇年代半ば以降の出店数増加の際には後者の店舗が多く作られた。なお、新規出店を控えた〇〇年代初頭から半ばの時期は、負債を減少するとともに既存店

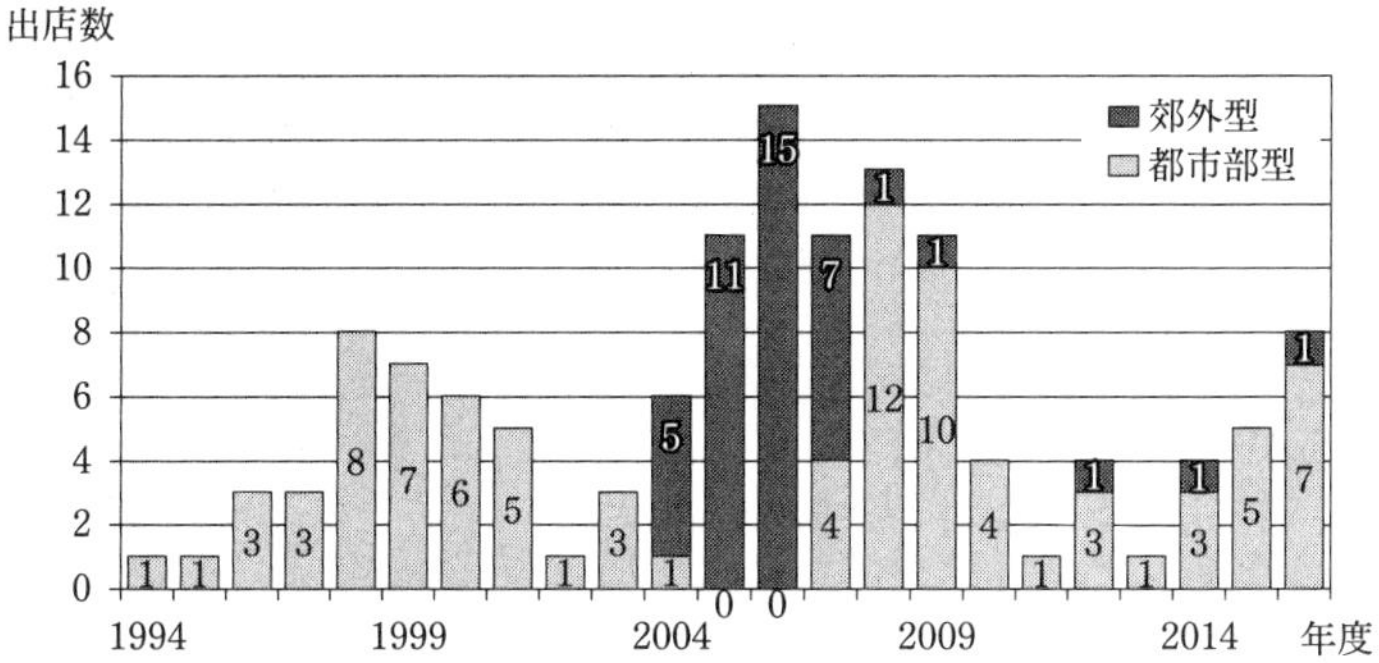

図30　ラウンドワン新規出店数の推移
（出典：前掲「シェアードリサーチレポート ラウンドワン」18ページ）

の収益率向上を目指して設備投資を充実させた時期であり、ラウンドワン全体の収益が低下したわけではなかった(43)。

二〇〇〇年代初頭までのラウンドワンは、都市部型施設を目指していた。つまり、半径二、三キロ圏でのレーン当たり人口四千人を基準として出店計画を立てており、この条件に当てはまるのは必然的に都市部に限られていたのである(44)。一般的なボウリング場が郊外での複合型施設整備を目指していたこの時期に、ラウンドワンは都市部型施設の整備をあえて目指していたのだ。その背景には、郊外型施設が抱えるリスクがあった。それは、ショッピングセンターなどの核となる施設が退去してしまった場合にはボウリング場の収益が大幅に減少すること、またボウリング場の商圏とショッピングセンターなどの他施設の商圏が合致しないケースが多々あることなどである(45)。

しかし、二〇〇〇年代半ば以降にはこうした方針を転換し、郊外への出店を目指すようになった。〇四年に出店した京都伏見店（京都府）以降、スポッチャと呼ばれる新しいアイテムが併設されるようになった。スポッチャとは「スポーツ&

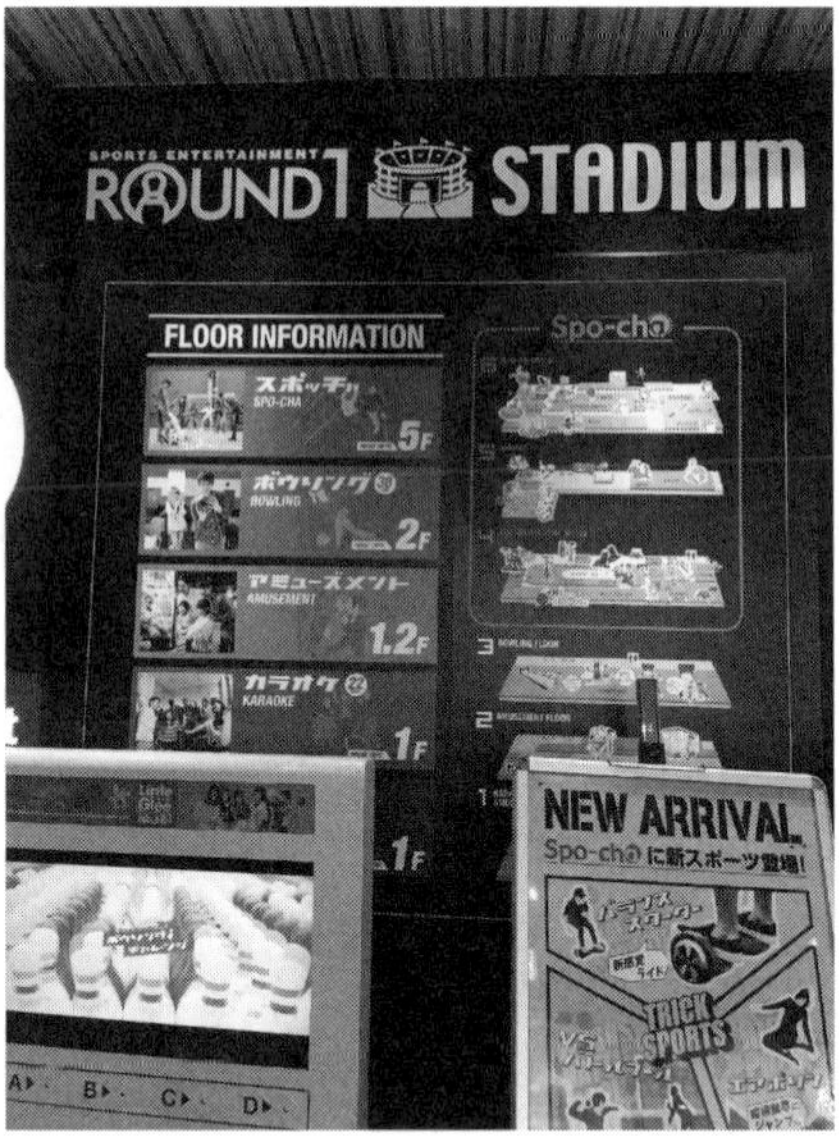

図31　複数のレジャーを提供するラウンドワン（筆者撮影）

チャレンジ」の略語で、サッカーのキックターゲット、フットサル、バスケットボールのフリースローや三対三のゲーム（スリーオンスリー）、ローラースケート、野球のバッティング、パターゴルフといった省スペースで楽しめるスポーツ競技の総称である。ここでは、定額の料金を支払い、一定時間内にこれらの種目にいくつでも自由に参加できる。スポッチャの開発によって、若者のスポーツ欲求を取り込むとともに、ファミリー層で緩やかにスポーツを楽しむという魅力を訴求することが可能になった。「月刊レジャー産業資料」第四百七十四号によると、スポッチャ併設店舗は以下のような特徴を持っている[46]。スポッチャを併設する施設は、二千五百坪から三千坪（八千二百六十平方メートルから九千九百二十平方メートル）の敷地面積、地上五階建て程度の施設が必要であり、こうした大規模な施設を出店するためには、都市部は現実的でなかった。郊外型店舗は、自動車で三十分以内の範囲に人口四十万人が居住している地域を商圏範囲として設定したため、のちに述べるように、必然的に自動車で来場するファミリー層をターゲットにすることになった。その結果、四百台以上分の駐車場を確保できる郊外型店舗が増加したのである。

ラウンドワンが志向してきたのは、〈スポーツ〉イメージというよりも〈レジャー〉イメージのボウリング場であった。ラウンドワンの各店舗は、基本的にボウリング、ゲームセンター（アミューズメント）、そしてカラオケの三アイテムを必ず備えている（図31）。従来のレジャー施設は個別ばらばらに点在していたが、ラウンドワンはそれらを複合化し、客が自由にアイテムを選択できるような施設を目指していたのである。

表21　ラウンドワンの売り上げ（2016年度）

	売り上げ（百万円）	内訳
ボウリング	22,910	26.1%
アミューズメント	40,530	46.2%
カラオケ	9,130	10.4%
スポッチャ	12,270	14.0%
その他	2,920	3.3%
総売り上げ高	87,776	100%

（出典：前掲「シェアードリサーチレポート ラウンドワン」4ページ）
注：売り上げの合計が合わないのは、各数値の四捨五入によるもの

また表21は、二〇一六年度のグループ全体の売り上げの内訳を示したものである。ボウリングは収益の重要な柱ではあるが、そのほかにもゲームセンター（アミューズメント）やカラオケなどのアイテムからもかなりの収益を上げていることがわかる。筆者の調査のなかでは、ボウリングのゲーム後にフロントでゲーム機の無料券と、写真シール機を無料で利用できるコインが配布されていた。このようにラウンドワンでは、ただボウリングをプレーして終わりではなく、ほかのアイテムでも遊ぶことが期待されている。ラウンドワンは、ボウリングに〈レジャー〉のイメージを付与し、ほかのレジャーアイテムとの相互作用に期待しているのである。

ラウンドワンの顧客ターゲットは若者を中心としてい

るが、次第にファミリー層の取り込みも意識されるようになってきた。一九九八年の時点で、創業者である杉野公彦は、次のような経営的見通しを立てていた。(47) ラウンドワンの顧客ターゲットは十八歳から三十歳の男女で、六〇年代半ばから七〇年代初頭の流行期を知らない年代であり、これらの世代が息の長い顧客になってくれることを期待した。これらの世代を引き込むために、イベント企画やノベルティの魅力向上、そしてマスメディアを利用したブランド化などの戦略を取った。さらに、ラウンドワンは従来のボウリング場よりもやや高い料金を設定していたが、これは既存の〈スポーツ〉イメージのボウリング場との差別化のための戦略であった。つまり、杉野が「ラウンドワンでボウリングの楽しさを知ってもらい、ヘビーユーザーになれば料金の安い既存センターを利用してほしい(48)」と明確に述べたように、若い新規ユーザーへの楽しみの提供に主眼を置き、〈スポーツ〉としてのボウリング場は目指していなかった。(49) 近年では、〈スポーツ〉イメージのボウリング場と同様に、プロボウラーへのチャレンジマッチやリーグを実施する店舗も増えたものの、その一方でアニメキャラクターとコラボレーションしたノベルティグッズの配布や、「ムーンライトストライク(50)」といった企画などによって、〈レジャー〉イメージの展開を続けている。また、第5章第2節で述べるような様々な施策のなかには、二十五歳以下や三十歳以下といった年齢制限を設ける企画も多く存在した。こうした年齢制限は、若者層を取り込もうとする姿勢の直接的な現れと言える。しかも、すでに見てきたようにボウリング場は風適法の適用を受けないことから深夜営業が可能であり、営業時間を延ばすことで、若者の来店による売り上げ向上を目指すことができた。(51)

なお、二〇〇〇年代半ば以降スポッチャを併設する店舗が増加すると、客層に変化が現れた。施設全体としての来客は、都市部型店舗では十八歳から三十歳の従来のターゲット層が八割、ファミリー層が二割だったが、スポッチャを備える郊外型店舗ではファミリー層が三割に増加した。(52)このように客層が変化しても、基本的にボウリング場は〈スポーツ〉イメージではなく〈レジャー〉イメージで提供された。なぜなら、スポッチャやゲームセンターとの相乗効果を生むためには、イベント企画やノベルティ提供をおこなって〈レジャー〉イメージを訴求するほうが有効だったからである。

〈スポーツ〉の「顔」を持つボウリング――関連団体の取り組み

このように、一九九〇年代以降、ラウンドワンの躍進を柱として、ボウリングは〈レジャー〉のイメージで受け入れられていった。しかし、ボウリング業界全体としては、〈スポーツ〉としての方向性を放棄したわけでもなかったし、実際に〈スポーツ〉としてボウリングを提供するボウリング場も多い。ボウリング関連団体は依然として〈スポーツ〉イメージをもってボウリングを普及させようとしていて、それは確実に成果を生み出していった。(53)

関連団体は、スポーツ大会にボウリング競技を導入するよう、積極的にはたらきかけていった。すでに述べたように、一九八八年には国体の正式競技となり、また世界的な動きに目を向けると、オリンピックの正式競技化を目指すようになった。オリンピックに関しては、八八年のソウル大会で公開競技になった。その後、九二年のバルセロナ大会と九六年のアトランタ大会では、選手村に仮設のボウリングレーンを設置して、選手たちは無料でプレーできた。さらに、その設備を用いて独自の大会を開催した。(54) 日本国内の大会では、高齢者や障害者向けの大会で、ボウリングが採用競技となるようはたらきかけをおこなっていった。こうした〈スポーツ〉イメージのキャンペーンから派生して、日場協はマスメディアにボウリングを取り上げてもらうようアピールし、九三年からはボウリングマスメディア大賞という賞を設け、その年にボウリングを積極的に取り上げた番組や個人に対して表彰する取り組みも始めた。そのかいもあり、九〇年代後半をピークとして、ボウリングに関連する番組や記事を見ない週がほとんどないほど、ボウリングは積極的にメディアに取り上げられた。

また関連団体は、高齢者に対するボウリングの普及を積極的におこなった。この世代はボウリングブームを経験した世代ということもあり、ボウリングへの理解が深いため、業界にとってはぜひとも取り込みたいターゲットだった。こうした高齢者層を取り込む際には、ボウリングの〈スポーツ〉イメージが利用された。つまり、ボウリングは〈スポーツ〉であるため、健康にいいというロジックでの普及が図られたのである。一九九六年からは、日場協によって長寿ボウラー番付という高齢者のボウラーを表彰する制度が創設されたが、これは明らかにボウリングは健康や長寿につながるという印象を与えようとするものである。同じく九六年からは、ねんりんピックという厚生省（現・厚生労働省）が主管する高齢者向けスポーツ大会にボウリングが採用され、さらに二〇〇一年に創設された日体協が主催する日本スポーツマスターズという競技志向が強い高齢者向けスポーツ大会にも、初年度からボウリングが採用されている。そして〇七年には、日場協の主導で全国の日場協加盟ボウリング場に図32のようなポスターが掲出された。ここには「中山律子に憧れてたんだよね…／そうだ、ボウリングに行こう!!」というコピーが挿入され、流行当時若者だった高齢者をボウリング場に誘い込もうとする意図がより直接的に見て取れる。

さらに関連団体は、障害者にもその裾野を積極的に広げようとした。そもそも、一九六七年から始まった三笠宮杯チャリティーボウリング大会（現・宮様チャリティーボウリング大会）には障害者も参加しており、日本の障害者スポーツの歴史のなかでもボウリングはかなり古い部類に入っている。これに加え八八年からは、日本テレビ系列の『二十四時間テレビ 愛は地球を救う』内でチャリティーボウリング大会がおこなわれるようになり、また知的発達障害者用の国際大会であるスペシャルオリンピックスでも正式競技となっている。障害者とボウリングの関係性は業界内でも十分に自覚されるようになり、ガターをなくすバンパーレーンや車いす用スロープ、ボウリングランプ[55]（図33）などの導入が促進され、日場協はこうした設備の導入状況の調査を定期的におこない、普及状況を広報している。

図32　日場協作成のポスター
（出典：前掲『中山律子の「この道」パーフェクトじゃない人生』169ページ）

ボウリングは健康にいいという印象を強めるために、近年ではタバコについて各関連団体が対応している。二〇〇三年に健康増進法が施行され、不特定多数の者が利用する施設では受動喫煙防止のための措置を取ることが義務づけられた。それまで多く

図33　ボウリングランプ（筆者撮影）

のボウリング場では喫煙が可能だったが、これ以降、分煙のための取り組みが必要になった。日場協は分煙に協力するよう、各ボウリング場に通達をおこなっている。また日場協は集煙装置メーカーを各ボウリング場にあっせんし、各ボウリング場は安価にその装置を利用できるようになった。ＮＢＦの大会では競技中の喫煙は禁じられ、ＪＰＢＡの大会では大会中に観客も含めた施設内での喫煙が禁じられている。

5　本章のまとめ——イメージの分裂

本章では、流行期以降のボウリングの低迷と復活、そして安定化の状況を見てきた。こうした過程のなかで重要だったのは、ボウリングの「顔」に大きな変化が生まれたことだった。すなわち、流行期のボウリングは〈スポーツ〉と〈レジャー〉という二つの「顔」をうまく使い分けることで広く普及することができたが、一九九〇年代以降には、あるボウリング場は〈スポーツ〉イメージを志向し、あるボウリング場は〈レジャー〉イメージを志向するといった具合に、ボウリングの「顔」が各ボウリング場ごとに分裂していったのである。前者を主導したのはボウリング関連団体であり、そうした志向性を持つボウリング場では、流行期を知る高齢者を主なターゲットとして経営がおこなわれている。そしてそこでは、ボウリングは健康にいいというロジックのもとで、ボウリング参加が促進されている。一方、後者は都市部ではなく郊外に複合型レジャー施設の一部として作られたボウリング場が中心であり、その代表的存在はラウンドワンである。これらの施設ではボウリングはカラオケやゲームセンターなどのレジャー設備と並ぶ一アイテムとして設置されていて、グッズの配布やイベント企画などを通じて、競技外の楽しみを拡張させる形で経営をおこなっている。そこでは、主に若者やファミリー層が主要な顧客になっている。

本書の冒頭で述べたように、現在のボウリングという種目のイメージが固定的でなく、多様さを帯びているのは、こうした過程を経たことに起因しているのである。

流行期以降のボウリング場の展開は、以上のように概括できるが、それでは実際に、それぞれのイメージのボウリング場ではどのような施策がおこなわれ、人々はボウリングをどう楽しんでいるのだろうか。次章では、ボウリング場に実際に足を運び、ここまで見てきたボウリング業界の現状の概観と、現実との間にあるギャップを明らかにしたい。

注

(1) 前掲『三十年の歩み』五〇八ページ

(2)「月刊レジャー産業資料」第百九十二号、綜合ユニコム、一九八四年、九八ページ

（3）本小節の歴史的事実については、前掲『三十年の歩み』を参考にした。
（4）なお、このほかにも一九六五年に全日本実業団ボウリング連盟（以下、JBBFと略記）という組織が作られている。これは、個人を単位とするJBCやNBFとは異なり、企業体・法人を単位とするボウラー組織である。JBCとJBBFは当初対立していたが、七三年にJBCが実業団部門を結成することでJBBFは解散し、JBCに統合された。だがこの統合に反対したグループが、同年新たに全国実業団ボウリング連盟（以下、ABBFと略記）を結成するなど、対立関係は温存された。
（5）内海和雄『アマチュアリズム論――差別なきスポーツ理念の探究へ』創文企画、二〇〇七年、一六一―一七ページ
（6）当時のJBCの会員資格を定めた規約には、以下のような規定があった（前掲『三十年の歩み』一九二ページ）。

会員で次の諸項に該当する者は職業ボウラーとし、協会の一般公認競技には参加し得ないものとする。但し、特にその参加を認めた場合はこの限りではない。
①収入の大部分をエキシビジョンボウラーとして収得しているもの。
②職業ボウラーとして自ら認めているもの。
③ボウリング技量が優秀な為に、あるいは優秀なボウリング技量を必要として雇傭《ママ》されているもの。
④ボウリングのスポンサー、製造業者、経営者によって援助金が与えられ、それによってボウリングの競技練習に十分専念できるもの。但し、自分の本業をもち、一時的にリーグ、競技会で援助金を得ているものは差し支えないものとする。
⑤労働時間の半分またはそれ以上をボウリングの指導者として専念しているもの。

⑥しばしばテレビのボウリング番組に出場し、これによって競技技術上に重要な体験を得ているもの。
（7）同書二二〇ページ
（8）この措置にいたった経緯は複雑である。一九六七年、全日本オープン選手権という大会が創設された。当初はＪＢＣとＡＢＣ朝日放送の主催だったが、第二回からＪＰＢＡも主催者に名を連ねるようになり、アマ、プロ、そして学生連合の選手が一堂に会する方式（オープン方式）でおこなわれる一大イベントとなった。ところが独禁法問題以降、ＪＢＣはアマチュアリズム志向を強め、七三年二月、ＪＢＣ会員とプロボウラーが参加するオープン競技を廃止する意向を固めた。これを受け、七四年六月、ＪＰＢＡの側から第八回大会ではプロの参加する個人戦とアマの団体戦を切り離して開催してほしい旨がＡＢＣ朝日放送に通達された。こうした動きから、ＪＢＣも態度を硬化させ、七四年八月の緊急理事会でプロ・アマ交流の禁止措置が正式決定されたのである。
（9）前掲『三十年の歩み』五六四ページ
（10）同書五五四ページ
（11）「読売新聞」一九八〇年十二月十日付夕刊
（12）この年には、これらに加えて全国で九十四レーンが増設された一方で、十八センター、四百六レーンが閉鎖した（前掲「月刊レジャー産業資料」第百九十二号、九六ページ）。
（13）「レジャー産業資料」第百六十二号、日本エコノミストセンター、一九八一年、一二二ページ
（14）前掲『レジャー白書』一九八五年版、二七―三〇ページ
（15）前掲『三十年の歩み』七九二ページ
（16）前掲「月刊レジャー産業資料」第百九十二号、九四ページ

(17)「朝日新聞」一九八〇年二月二十一日付
(18)本小節の歴史的事実については、前掲『三十年の歩み』を参考にした。
(19)参加団体は、NBF、ABBF、全国大学ボウリング連合、JPBA、ジャパン・レディス・ボウリングクラブ、日場協、日本ボウリング機械同業会だった。
(20)前掲『三十年の歩み』七四〇ページ
(21)プロとアマが交流するオープン大会が解禁されたのは一九九〇年、ナショナルチームにおけるプロとアマの交流が解禁されたのは九一年のことだった(前掲「二十年間のボウリング情報」)。
(22)ただし、依然としてボウリングに対する不健全な印象が完全に払拭されていないという理由から、当初、少年の部におけるボウリング競技の実施は未定とされた(同資料)。
(23)前掲「レジャー産業資料」第百六十二号、一二三ページ
(24)一九八四年に全指協がこの名称に改められた。
(25)前掲「月刊レジャー産業資料」第百九十二号、一〇三ページ
(26)同誌一〇五ページ
(27)「月刊レジャー産業資料」第三百五十七号、綜合ユニコム、一九九六年、一四五ページ
(28)全国のオートマチックスコアラー新規導入センター数(推計)は以下のとおりだった(「月刊レジャー産業資料」第二百八十五号、綜合ユニコム、一九九一年、一七〇ページ)。一九八四年以前:七十七、一九八五年:二十九、一九八六年:四十、一九八七年:九十、一九八八年:百五、一九八九年:百十三。この時点で、全国で四百五十四のボウリング場に導入されていたと推計されている(一九八九年当時の全国のボウリング場数は千六十三)。
(29)「月刊レジャー産業資料」第二百二十五号、綜合ユニコム、一九八六年、一七六ページ

(30)　前掲「月刊レジャー産業資料」第二百八十五号、一七四ページ
(31)　前掲「月刊レジャー産業資料」第二百二十五号、一七七―一七八ページ
(32)　前掲「月刊レジャー産業資料」第二百八十五号、一七五ページ
(33)　同誌一七三ページ
(34)　この法律の変遷過程については、以下の文献を参照のこと。安倉良二「日本の商業政策の転換による大型店の立地再編と中心市街地への影響に関する地理学的研究」早稲田大学博士論文、二〇一三年
(35)　同論文五二ページ
(36)　新雅史『商店街はなぜ滅びるのか――社会・政治・経済史から探る再生の道』（光文社新書）、光文社、二〇一二年
(37)　前掲「月刊レジャー産業資料」第三百五十七号、一四三―一四七ページ
(38)　同誌一四二ページ
(39)　同誌一四八ページ
(40)　「月刊レジャー産業資料」第三百八十九号、綜合ユニコム、一九九九年、五七ページ
(41)　風俗営業等の規制及業務の適正化等に関する法律の略称。一九七二年に、それまでの風営法の呼称が変更されたものである。
(42)　「月刊レジャー産業資料」第三百七十二号、綜合ユニコム、一九九七年、一三四ページ
(43)　「月刊レジャー産業資料」第四百五十一号、綜合ユニコム、二〇〇四年、六五ページ
(44)　「月刊レジャー産業資料」第四百七十四号、綜合ユニコム、二〇〇六年、一二四ページ
(45)　「月刊レジャー産業資料」第三百九十号、綜合ユニコム、一九九九年、七八ページ
(46)　前掲「月刊レジャー産業資料」第四百七十四号、一二四―一二六ページ

(47)「月刊レジャー産業資料」第三百七十六号、綜合ユニコム、一九九八年、一二四ページ
(48) 前掲「月刊レジャー産業資料」第三百九十号、七七ページ
(49) あるボウリング場スタッフによれば、確かにラウンドワンは従来のボウリング場とは異なる顧客を開拓しているが、そうした顧客は結局既存の〈スポーツ〉イメージのボウリング場には流れていかず、新規顧客がラウンドワンに集中するだけだったという。
(50) レーンの照明がブラックライトに変わり、全レーンの客が一斉に投球をおこなうという企画。その際にストライクを出した客には、賞品が提供される。
(51) ただし、各自治体の条例で深夜の若者の入店を制限する場合もあった。
(52) 前掲「月刊レジャー産業資料」第四百七十四号、一二五ページ
(53) 本小節の歴史的事実については、前掲「二十年間のボウリング情報」を参考にした。
(54) オリンピックでのボウリングの様子については、前掲『世界のボウリング百年の歴史と至難「スポーツ化」に燃えた五十年』に詳しい。
(55) スロープの上からボールを転がす装置。子供や初心者にも利用される。

第5章　多様なボウリング場の実際

前章では、一九九〇年代以降に安定期を迎えたボウリング業界が、〈スポーツ〉イメージのボウリング場と〈レジャー〉イメージのボウリング場に、次第に二分化したことを示した。本章では、こうした二分化したイメージのボウリング場は、実際どのように経営され、またそこで人々はどうボウリングを楽しんでいるのかを詳しく見ていこう。前者の一つの例として典型的な単独型ボウリング場を、また後者の一つの例としてボウリング場最大手ラウンドワンの一店舗をそれぞれ取り上げる。さらに、これらのいずれのイメージにも当てはまらない事例として、沖縄県のボウリング場も紹介する。沖縄県は長らくアメリカの文化的影響を受けてきた地域であり、アメリカ式のボウリングが普及した点で、本土とまったく異なった発展を遂げた。のちに見るように、沖縄県の事例は、いわば〈スポーツ〉イメージと〈レジャー〉イメージのハイブリッドと呼ぶべきものである。

本章では、ボウリング場の現代的な状況について論じる。歴史的資料からボウリングが広まったプロセスを見てきたこれまでの章とは分析の方法が異なり、そうした資料からはわからない情報を得るために、主に各種ボウリング場で観察法による調査をおこなった。また、ボウリング参加者には、観察中に聞き取りもおこなった。[1] 一方、ボウリング場スタッフには、〈スポーツ〉イメージのボウリング場として気仙沼さくらボウル（宮城県。以下、さくらボウルと略記）の支配人O氏と専務O氏に、〈レジャー〉イメージのボウリング場としてラウンドワンスタジアム入間店（埼玉県）のボウリング社員T氏に、[2] そして沖縄県のボウリング場として名桜ボウル（名護市）の支配人K氏、マチナトボウル（浦添市）のスタッフM氏、スポーツワールドサザンヒルボウリング場（南風原町、以下、サザンヒルと略記）の支配人S氏、ドラゴンボウル（沖縄市）の支配人T氏に、それぞれ対面式による聞き取り調査をおこなった。[3] さらに、沖縄県在住のJPBA公認プロボウラー玉城妙子氏にも対面式聞き取り調査をおこなったほか、[4] 沖縄県中のボウリング場の観察・調査に玉城氏も同行してもらうなかで様々な話を聞いた。

1 〈スポーツ〉イメージのボウリング場

まず、〈スポーツ〉イメージのボウリング場の典型例として、二〇一五年に新設されたさくらボウルを取り上げよう。さくらボウルの大きな特徴は、複合化が当たり前と言われる現在では珍しい、単独型ボウリング場であることだ。近年では、単独型ボウリング場の新規オープンは全国的にもきわめて珍しく、ラウンドワンの新規店舗を除けば、一七年現在、日本でもっとも新しいボウリング場と言える。

さくらボウルは、丸和という会社が一九六八年に開業した、気仙沼第一ボウリング（以下、第一ボウリングと略記）を前身としている。同社はもともと一二年に漁船漁業として創業され、その後同事業から撤退したあとに、現在はボウリング場事業のほかに燃料販売やパチンコ事業などもおこなっている総合会社である。第一ボウリングは、二〇〇三年に気仙沼港魚市場近くに移転、さくらボウル（以下、旧さくらボウルと略記）と名称を改めて新規オープンした。しかし、一一年三月の東日本大震災の際に津波が直撃、施設は流されてしまい、施設の減価償却も済んでいないなか休業を余儀なくされた。現在のさくらボウルは、震災から四年が経過した一五年に、より内陸部のＪＲ気仙沼駅近くに場所を移してリニューアルオープンしたものである。なお、レーン数は十四と、比較的小規模な施設である。

さくらボウルの基本的な運営方針は、ボウリングを〈スポーツ〉として振興することにある。二階にビリヤード、卓球、ダーツといった設備はあるが、それらを特に売りとしてはいない。また、旧さくらボウルにはメダルゲーム機があったが、現在のさくらボウルはコンピューターゲーム機を併設していない。施設にはＪＰＢＡ公認インストラクターが常駐し、さらにはボールに穴を空けるドリラーと呼ばれる資格を持つスタッフもいる。また、気仙沼市体育協会と提携してボウリング教室を実施しており、支配人Ｏ氏は、将来的には総合型地域スポーツクラブの拠点として発展していきたいという意向を持っている。

そしてさくらボウルでは、オイルコンディションの維持にも細心の注意を払っている。ここで、ボウリング競技でのオイルコンディションの意味について補足したい。ボウリングレーン上にはオイルが塗られているが、このオイルの種類や塗り具合が競技結果を大きく左右する。オイルが粘り気があるタイプかどうかという点に始まり、その塗り方も、ピン付近まで塗るかどうか、またオイルを厚めに塗るか薄めに塗るかで、ボールの曲がり方が大きく変わってくる。さらにピンに向かってなめらかに薄くしていくか、それとも段差をつけるかも重要である。何度も投球を重ねたレーンでは、ボールが通ったコース上はオイルが削れるため、そのたびごとにオイルの状態が変わる。ゴルフで芝目を読むのと同じように、競技志向のボウラーは刻々と変化するオイルの状態を読む力が必要となる。こうしたオイルコンディションは、まさに競技に内在する楽しみを高めるために不可欠なものであるため、さくらボウルではその維持・管理に多大な労力を費やしている。これは、〈スポーツ〉としてのボウリングの楽しみを提供するための施策と言えるだろう。

実際にここでプレーしているボウラーも、その多くが〈スポーツ〉としてのボウリングに取り組んでいる。流行期に青春を送ったカトウさんは、第一ボウリング時代からの常連だ。彼女はもともと、飲酒後の遊びとしてボウリングに触れるようになったが、ほかの客に声をかけてもらって指導を受けるなかで、〈スポーツ〉としてのボウリングにのめり込んでいった。現在では、競技志向のボウラーとして活動する傍ら、気仙沼ボウリング協会の事務局を担当している。

現在二十歳代半ばのアワキさんは、健康診断の結果が悪かったことをきっかけとして、ボウリングを定期的にプレーするようになった。彼はもともと野球経験者だったが、社会人になって仲間が集まらなかったり、天候が悪いとプレーできなかったりなどの点に不満を抱えていた。ボウリングは室内競技で天候に左右されず、また仕事の休みが平日であるために一人でも取り組める点が、彼にとって重要だった。本格的にのめり込んだのは、日体協公認指導員の資格を持つ支配人O氏に技術指導を受けたことがきっかけで、いま世界で最先端の技術であるアメリカンスタイルという投球フォームを勉強している。彼はボウリングを本格的に始めてまだ半年程度だが、「リーグになるともう、「勝ちたい、勝ちたい」が前に出過ぎちゃって」と、競技力をさらに高めることに貪欲である。だが、真の楽しみは仲間との交流のようで、ボウリング場で知り合った同年代の仲間が後ろで彼の練習を見守っていて、練習後には一緒にリーグを楽しんでいた。

このように、さくらボウルはボウリングの〈スポーツ〉としての側面を重視し、ボウリングにもともと内在する競技としての楽しみを伸ばすことを売りにしている。客も〈スポーツ〉としてのボウリングに取り組む人が多い。ただし旧さくらボウルは、メダルゲーム機を導入するなど〈レジャー〉イメージが強い施設だったこともあり、やはり地域の役場などからは〈レジャー〉のようなイメージで対応されることが多い。例えば、公民館にチラシを置かせてもらおうとしても、営利企業の宣伝はできないと断られるという。また、高齢者世代には流行期の派手なボウリングの印象が強く、子供をボウリング場に通わせることにいい顔をしない人も多い。そのため、学校から長期休暇期間中に立ち入ってはいけない施設としてボウリング場が挙げられることもある。こうしたボウリングにまつわる〈レジャー〉イメージを払拭すべく、気仙沼市体育協会と合同でおこなうボウリング教室の際には、ゲーム代や貸し靴代を無料にして、営利目的ではないことを強調している。

ここまで見てきたように、さくらボウルはボウリングという競技そのものの楽しみを強調するスタイルの経営をおこない、競技外の演出や設備などは極力排除している、典型的な〈スポーツ〉イメージのボウリング場である。では、なぜ〈レジャー〉ではなく〈スポーツ〉のイメージを選択したのだろうか。前章で見てきた〈スポーツ〉イメージのボウリング場の多くは、主に流行期を知る高齢者に対して、健康増進を印象づけるために〈スポーツ〉であることを強調していた。さくらボウルも、確かに高齢者が重要な顧客層になっているものの、健康増進などの価値をことさらに強調してプロモーションしているわけではない。さくらボウルが強調しているのは、気仙沼市という地域を盛り上げるという理念である。そしてそのためには、〈レジャー〉よりも〈スポーツ〉のイメージのほうがよりふさわしかったのである。

まず、そもそも親企業である丸和は、気仙沼市という地域への貢献が企業理念のベースにあり、娯楽施設が少ないこの地域のために、エンターテインメントで貢献したいという思いを持っている。流行期には、第一ボウリング以外にも市内にボウリング場が数軒建設されたが、流行の終息とともにそれらは撤退した。同社も撤退を検討したが、最終的にはボウリングを楽しみたいという地域住民のために、採算が合わなくともボウリング場事業を続けたという経緯がある。その後、経営が難しくなった際にも、「会社がだいぶ傾いた時代もあったんですけど、そういった地域貢献だったり、いろんな活動をするなかで逆にかなりいろんな地域の人に助けてもらったっていう歴史もありますので……やはりこの地域に恩返ししないといけないという思い」があると専務O氏は語っていた。歴史ある会社でもあることから、地域社会との関係性をきわめて重視していたことがうかがえる。

さらに、現在のさくらボウルは、東日本大震災後の地域コミュニティの崩壊という問題にも直面している。被災地域では現在、そうした地域コミュニティをどう再建するかが重要な課題になっている。気仙沼市でも、例えば町内会やスポーツ少年団などの多くが解散してしまったし、そもそもさくらボウルは仮設住宅や仮設市場などが多く存在する「新興地域」に立地している。旧さくらボウルの固定客も離散してしまったなかで、新たに地域住民との関係性を構築する必要があった。このような状況下でもっとも有効な戦略は、〈スポーツ〉というイメージを有しているからこそ集客できるであろう層に訴えることだった。具体的には、近隣の子供会、高校、そしてシニアクラブなど、まとまったグループに対してプロモーション活動をおこなっている。

すでに述べたように、周辺の学校では依然としてボウリングがいかがわしいものだという認識が強い。そこでさくらボウルでは、採算度外視で小・中学生向けのボウリング教室を開き、またコンピューターゲーム機を置かないようにしている。そうした施策が功を奏し、現在では子供会や地域の自治会単位での利用が非常に増えている。さらに二〇一八年度に、スポーツ少年団を結成する予定である。そもそも、全国のボウリング場では現在ジュニア世代のボウリング参加割合が大幅に低下していて、各ボウリング場はこの点に危機感を持っているが、短期スパンで採算を取れないというリスクがあるために、ジュニア世代の育成に踏み出しにくい実情がある。しかし、さくらボウルは建設したばかりで、長期的な視野での利益獲得を考えやすく、また専務Ｏ氏もそうした長期スパンでの気仙沼市の振興を志向していることから、ジュニア世代を開拓するインセンティブがはたらきやすい。

また、近隣には高校があり、その高校の教諭であるヨシダさんは、二年前に同校に赴任するまで、ほかの地域で競技志向のボウラーとして活動していた。赴任後、近隣にさくらボウルがあることを知ってからは、週に三回、一回三ゲームから五ゲームを楽しんでいる。さらにヨシダさんは、同校にボウリング愛好会を作り、二〇一七年度から愛好会は部活動へと昇格した。気仙沼市にはほかに娯楽施設やスポーツ施設がないため、部活動を除けば、高校生たちにとって月に数回、他地域の大型ショッピングセンターに行くことが一大イベントとなっている。そのような高校生たちにとってボウリングは非日常の楽しいイベントであり、ヨシダさんは自ら運転する自動車で高校生たちをさくらボウルへと送迎し、ボウリングの技術を伝えている。

興味深いのは、さくらボウルには「年金受給者クラブ」というユニークなクラブがあることだ。気仙沼市にはもともと年金受給者向けのグラウンドゴルフクラブがあり、旧さくらボウルはそのクラブにはたらきかけて、クラブ会員は割引料金でボウリングをプレーできるようにした。こうして定期的にボウリングを楽しむようになった年金受給者たちを囲い込む形で、さくらボウルには年金受給者クラブが作られたのである。同クラブ参加者のスズキさん、ナカタさん、コシミズさんは、いずれもボケ防止や健康のためにボウリングをおこなっている。なかでもコシミズさんは、気仙沼市の健康友の会の会長も務めていて、二十年前からラジオ体操を欠かさずおこなっているが、それに加えてさくらボウルが居場所となっていると話す。この居場所というのは彼らにとって非常に重要で、スズキさんはさくらボウルができるまでは何もすることがなかったが、いまでは居場所ができ、同年代との交流が増えたことを喜んでいる。またナカタさんは「おしゃべりをしながら年取って、年金だから、病気もあるし、不健康自慢しながら一瞬でも〔病気のことを：引用者注〕忘れられる」と、健康不安を仲間との交流によって忘れられることがクラブの重要な意味だと話す。ちなみに気仙沼市にはこうしたシニアによるスポーツクラブが数多く存在していて、もともとこうしたシニアクラブ文化が根づいていたことが年金受給者クラブの結成を後押しした側面はあるだろう。

以上のように、さくらボウルは小学生から高校生まで、また高齢者世代を主要なターゲットとし、地域の子供会や高校の部活動、年金受給者クラブといったまとまりでの集客を意識している。これらの世代を取り込むためには、やはり競技外の楽しみを強調する〈レジャー〉イメージよりも、競技としての面白さを高める〈スポーツ〉イメージのほうが有効なのだろう。小学生から高校生に向けては、その親世代のボウリングに対するいかがわしいという印象からの脱却を図るために、そして高齢者世代に向けては健康や交流という印象を付与するためにそのイメージは用いられる。

このように、さくらボウルは〈スポーツ〉イメージでボウリングを売り出していて、利用者もそのようなものとしてボウリングを受け止めているだろう。確かに、現在では〈スポーツ〉イメージを持つことは、地域を盛り上げるためのもっとも有効な手段である。しかし、今後は必要とあらば〈レジャー〉イメージの方向性も開拓していきたいと専務O氏は言う。例えば、同ボウリング場に近接する土地を買い取り、総合レジャー施設化することも検討している。また、スポーツ施設としての強いこだわりはないので、地域のにぎわいを創出するために、支配人O氏は、若手従業員に対して「積極的にボウリングと関係ないお客さんを呼び込んでほしい」「まったくボウリングと関係ないことをしてほしい」という思いを持っている。現在、一、二カ月に一度のペースで二階のフリースペースを利用して女性向けの化粧講座や婚活イベントなどの様々なイベントを実施している。

また、筆者による二回目の調査の際には、一回目の調査時とは異なり、玄関正面にボウリングのピンの形をした巨大な着ぐるみが置かれるようになっていた。客は、これをかぶって記念写真を撮るのである。こうした競技外の楽しみを高めるための試みにもさくらボウルは取り組んでいる。

さらに、流行期の〈スポーツ〉志向のボウリング場ではアルコール販売は厳禁とされていたが、近年ではJBCや日場協の指導が緩和したこともあり、さくらボウルではアルコールを販売している。ただし、ビールサーバーを使うような本格的なサービスではなく、缶ビールや缶チューハイを販売しているといった程度で、売り上げ自体はそれほど多くはない。

このように、専務O氏も支配人O氏も、ボウリングの外部に楽しみを付与するような〈レジャー〉としてのボウリングも否定していない。それでも同ボウリング場が〈スポーツ〉としてのボウリングを強調しているのは、現在の気仙沼市という社会環境に適応するために、それを戦略的に選択したということにすぎない。こうした選択は今後の社会環境の変化で変わっていく可能性があり、例えば今後復興が進んで気仙沼市に二十歳代の若者やファミリー層が増えれば、より〈レジャー〉イメージが強いボウリング場に変わっていくかもしれない。このように、さくらボウルが〈スポーツ〉イメージを選択していることは、流行期における各関連団体のような確固とした理念によるというよりも、あくまで〈スポーツ〉イメージが、現在の地域振興の手段として有効だという意味で、戦略的に選択されたものだった。

だが、前章で見てきたように、単独型ボウリング場は採算を取ることが難しい。同ボウリング場は、その点をどのようにクリアしているのだろうか。まず、親会社である丸和は、同ボウリング場での事業は少なくとも数年のうちは採算が取れなくとも問題ないと考えている。同社は、燃料販売やパチンコなどの事業もおこなっている。特に燃料販売は安定して利益を出せるので、その分をボウリング場事業に積極的に投資し、採算のバランスを取っているという。採算をあまり気にせず、地域の子供会などのコミュニティごとにさくらボウルを利用してもらうと同時に、新たな人々のつながりを作り出すことを目標としている。

また、〈スポーツ〉イメージのボウリング場が採算を取るための重要な施策の一つは、貸ロッカーの設置である。さくらボウルでは、ほかの〈スポーツ〉イメージのボウリング場と同様、安価なボウリング教室を実施することで固定客を獲得しようとしている。しかし、同ボウリング場がユニークな点は、ボウリング教室に参加した人たちのうち、新たにリーグに登録した客に無料で新しいボールをプレゼントすることである。しかも、支配人Ｏ氏はドリラー資格を持っているため、そのボールは、個人の身体的特徴や投球のくせに応じて専用の穴を空けた、オリジナルなボールである（図34）。この時点で、ボウリング場としてはリーグボウラーが増加するという確かなメリットはあるものの、大幅な赤字である。ところが、ここに重要な仕掛けがある。リーグボウラーとなった客たちにとって、重いボールを持って移動することは難しい。自動車移動の客であればその負担は比較的軽いと思われるが、それでも駐車場から場内まで重いボールを持って移動することは負担となる。そこで、場内に設置された貸ロッカーにボールを保管しておけば、客の負担も減り、ボウリング場としても収益を高めることができる。[(5)] さくらボウルの場合には、貸ロッカーは大きさに応じて一台年間二千円から三千円のレンタル料を徴収しており、年間三十万円程度の売り上げを見込むこ

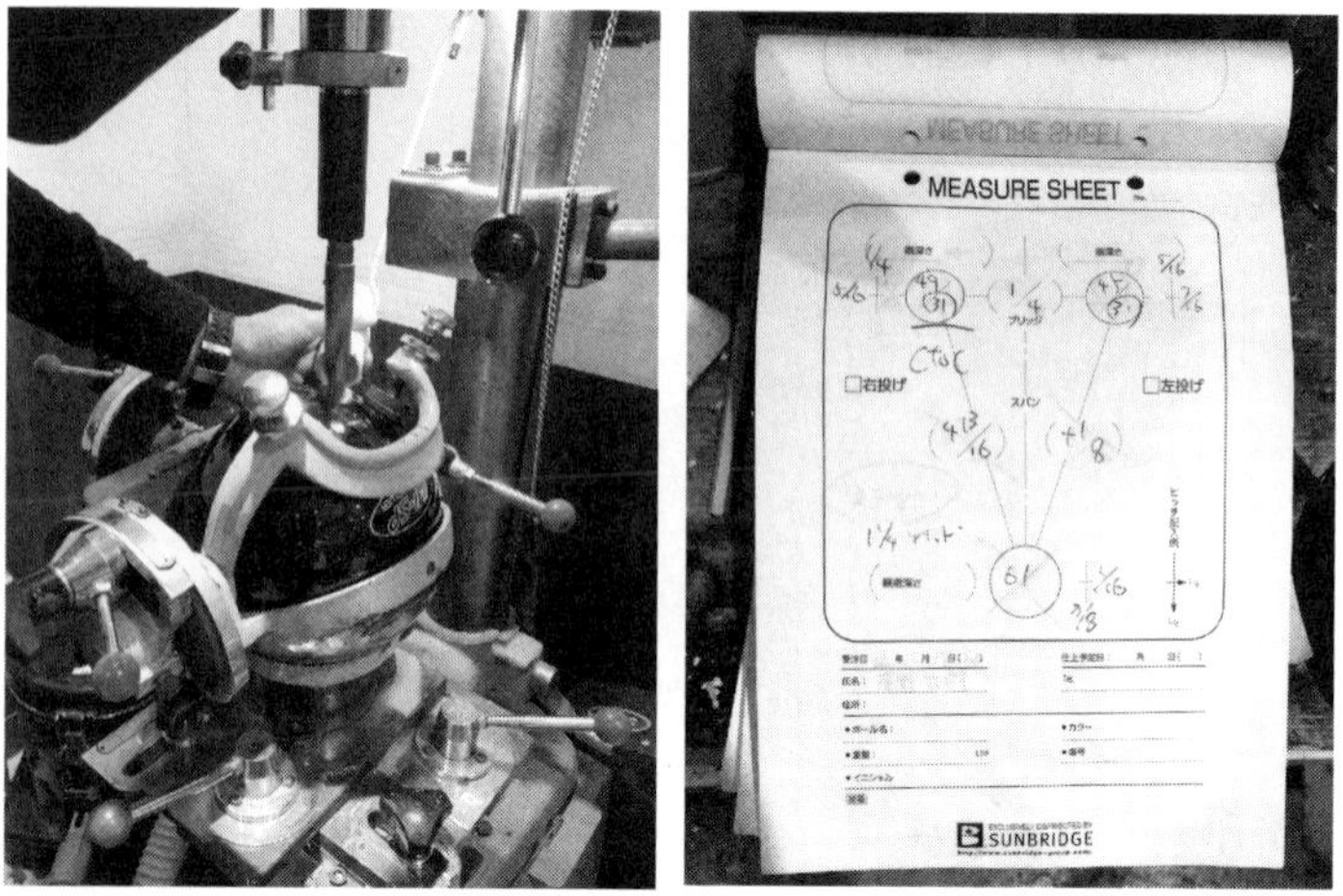

図34　ドリル用の機械と、発注者の特性を記入したシート（筆者撮影）

とができる。この売り上げは非常に重要で、支配人O氏によれば、貸ロッカーのスペースを今後さらに拡大するつもりだそうだ。

採算を取ることが難しい単独型ボウリング場では、親会社のほかの収入に依存するだけでなく、貸ロッカーによる収益向上が不可欠になる。逆に言えば、こうした収益構造なくして、〈スポーツ〉イメージのボウリング場の経営は非常に厳しいということでもある。

2　〈レジャー〉イメージのボウリング場

次に、典型的な〈レジャー〉イメージのボウリング場として、ラウンドワンを取り上げる。ラウンドワンの歩みは第4章第4節で述べたが、その現場はどのように運営され、またそこに来る客はどのようにボウリングを楽しんでいるのだろうか。

ラウンドワンは現在、非常に多様な形でサービスを提供している。ボウリンググランプを用意したり、ガターが出ないようにバンパーを設置したりする施策は、ほかのボウリング場でも頻繁に見られる。ラウンドワンではそれらに加えて、女性のネイルが傷つかないようなボールを採用したり、料金を支払えばレーン上部のスクリーンに好きな音楽を流せるといったサービスもおこなっている。グループで誕生日を祝うプランが用意されていたり、パーティースペースを設けたりする店舗があるなど、グループで来店する層の集客に力を入れている。

飲食物も充実していて、レーン近くのカウンターではホットドッグやピザ、たこ焼きなどのプレーをしながらでも食べやすい物を販売していることに加え、ソフトドリンクのドリンクバー（飲み放題）なども用意している。なお、多くの店舗ではビールやサワーのようなアルコールも販売されている。また、筆者の調査の範囲では、ファストフードや菓子類の持ち込みをしている客もかなりの割合で存在した。そして、ほとんどの客は缶ジュースなどの飲料をボックス内に持ち込み、飲食しながら仲間の投球を見つめていた。

さらに、ラウンドワンではスマートフォンや携帯電話を用いた通信企画も多く実施されている。例えば「がんばれ！ぼうりんぐ番長！」という企画は、全国でボウリングをプレーしているほかのユーザーと、ライブで通信対戦をおこなうものである。各ボウラーは、自身のＩＤをウェブサイトに登録することで競技成績が蓄積されていく。この結果はランキング化されるほか、アベレージが向上するとキャラクターが成長したり称号がもらえたりするという、育成ゲームのような趣向も併せ持っている。加えて、二〇一七年三月現在、「予告ストライクチャレンジ」[6]「ストライカーズ」[7]、人気アーティストとのコラボレーションキャンペーンなどの企画が実施されている。

ここまで挙げてきたような施策のなかには、例えばボウリンググランプの設置や通信対戦のように競技としての面白さを追求するものもあるが、その多くは競技の外での楽しみを高めるものと言える。この点で、ラウンドワンは〈レジャー〉イメージのボウリング場の代表格と言っていいだろう。これから論じるのは、あくまで全国に百以上ある店舗の一つの例にすぎないが、典型的な郊外型店舗の経営と、そこでボウリングを楽しむ人々の実態を詳しく見ていこう。

ラウンドワンスタジアム入間店は、国道十六号線から少し入った場所に位置する、典型的な郊外型店舗である。さくらボウルをはじめとした〈スポーツ〉イメージのボウリング場との最大の違いは、その客層にある。筆者の調査範囲内では、各地の〈スポーツ〉イメージのボウリング場では、多くの時間帯で高齢者の姿が目立った。一方のラウンドワンでは、午前中から午後の早い時間帯こそ高齢者が多いものの、それ以降の時間帯には若者が圧倒的に多い。特に休日になると、家族連れと、同性同士の高校生・大学生グループが半々程度の割合で来場しているようだった。また、数こそ多くはないものの、カップルや三世帯家族も見ることができた。同店ボウリング社員のT氏によれば、ラウンドワンでは客層に応じて案内するレーンを分けているという。後述するように、〈スポーツ〉志向ボウラーと〈レジャー〉志向ボウラーを分けたり、[8]〈レジャー〉志向ボウラーのなかでも家族連れと若者を、さらに若者のなかでも男性グループと女性グループ、さらにカップルを分けたりという具合に、案内を細かにし、すみ分けられるように工夫している。それは、「組み合わせが悪いとどうしても、お客様がプレーして楽しくない環境になって、ゲーム数が減ってしまったりとか、売り上げに直結してきてしまう」（T氏）からである。

ボウリング場経営の観点からすると、ラウンドワンは、ボウリング設備単体で収益を上げなければならないというプレッシャーがない点に大きな特徴がある。例えば、ラウンドワンでは各フロアに飲食物を提供するカウンターなどの設備があるが、T氏によると、その売り上げはボウリング設備でいくら、スポッチャでいくらといった形で計上されるのではなく、すべてカラオケ設備の売り上げとして計上される。したがって、筆者が飲食物からの収入について質問しても、「ドリンクバーに関しては、売り上げ……元が取れているかちょっとわからないですね。カラオケの社員のほうでそのへんは管理していると思うんですけど」（T氏）という答えとなる。また、カラオケ以外では飲食物の持ち込みは基本的に禁止されていない。このように、ラウンドワンは複数のレジャーアイテムを合算して収益を計上する構造になっていることから、ボウリング設備において飲食物の売り上げを必死に向上させる必要性はない。その点は前節で詳しく述べた貸ロッカーについても同様で、例えば入間店では、貸ロッカーの稼働率は五〇％程度である。これは、ラウンドワンではマイボールを持ち込むような競技志向のボウラーがそれほど多くないことも関係している。

この事例は、同一店舗内におけるアイテム間での売り上げ調整の例だったが、さらに、ラウンドワン全店舗間でも売り上げは調整される。すなわち、採算はラウンドワン全店で計上するものであり、各店舗ごとに独立で採算を取る必要は必ずしもないのだ。そのため、各店舗は独自の施策をあまりとる必要がない。例えば、ラウンドワンを使って地域の健康ボウリング教室がおこなわれる場合、各店舗が独自にそれを企画するというよりも、本社が日場協やＪＰＢＡ、県や市などにはたらきかけて開かれる。各店舗は、スポーツジムなどにチラシを配布する程度のはたらきかけしかしていない。また、近年では小学校の社会科見学の対象としてラウンドワンが選ばれる場合があるが、それも各店舗が個別に誘致するのではなく、本社が各学校と交渉をおこなう。

またT氏によれば、近年ラウンドワンが力を入れているのがアミューズメント（ゲームセンター）での売り上げ向上で、各設備からアミューズメントへ「客を流す」ことが一つの目標となっている。そのために、ボウリングのゲーム後にアミューズメントの無料体験チケットを渡し、ボウリングフロアの次にアミューズメントフロアへ客の足を向けさせるような取り組みの方針が本社から指示されている。この施策はまさに、アイテム間の売り上げ調整であり、かつそれが各店舗の判断ではなく、本社の意思決定としておこなわれている事例である。

このようにラウンドワンは、各店舗が個別に何らかの施策を実施するというよりも、本社の指示のもとで様々な試みを実施している。これは、前節で見たさくらボウルが地域特性に応じて様々な施策をおこない、少しでも収益を向上させようとしてきたこととは対照的である。ラウンドワンは、アイテム間・店舗間での収益に関するリスクを分散することで、安定的な収益を上げることを目指している。そうして採算性に縛られすぎないからこそ、先駆的で大胆な施策に挑戦し、新規顧客を開拓することができるのである。

それでは、ラウンドワンでは具体的に、どのような形でボウリングを売り込んでいるのだろうか。前述のように、ラウンドワンはもともと〈レジャー〉としてのボウリングを売り出しており、現在でも競技外の楽しみを高めるようなサービスを次々と実施している。だが意外なことに、現在では

〈スポーツ〉志向のボウラーもラウンドワンに多く足を運んでいる。入間店のボウリング設備は三十八レーンあるが、〈スポーツ〉志向ボウラーと〈レジャー〉志向ボウラーでレーンを分けており、普段はそのうち十六レーンが〈スポーツ〉志向ボウラー専用となる。しかも、平日の早朝はその十六レーンがすべて埋まるという。オイルコンディションについても、全レーンを一日一回メンテナンスしているうえ、〈スポーツ〉志向ボウラー用レーンは毎日二回のメンテナンスをおこなってている。さらに、ＪＰＢＡ公認インストラクターが一店舗一人常駐してレッスンをおこなっているほか、ＪＰＢＡ公認プロボウラーが非常勤で勤務し、教室などを開いている。このように、実は競技内での楽しみを高める施策も、非常に多く実施されているのである。

こうした状況は、近年になって変化してきたものである。Ｔ氏が入社した二〇〇八年頃には、入間店でプレーをおこなうのは大学生や若い社会人が中心で、マイボールを持っていない、〈レジャー〉としてプレーする人が大半だった。〈スポーツ〉志向の客もいたが、ルールやマナー順守をほかの客にも厳しく求めるなど、〈レジャー〉志向の客との折り合いが悪くなっていた。そのため、当時は基本的に主要な顧客層である〈レジャー〉志向の客を手厚くもてなしていた。しかし高齢化が進み、またボウリング未経験者が増えていくなかで、こうした方針のシフトチェンジの必要が出てきた。近年では、専用レーンの設定やキャンペーンボールの販売、ボウリング教室の開催など、〈スポーツ〉志向の客にも楽しんでもらえるような場を作ろうとしている。もちろん〈レジャー〉志向の客をないがしろにしているわけではなく、すでに述べたような競技外の楽しみを高めるようなサービスも多く用意して、ボウリングを通じて仲間と出会う場としてラウンドワンを位置づけようとしている。〈スポーツ〉志向に次第に力を入れるというシフトチェンジは、繁華街に立地する店舗を除き、ほぼ全店舗共通でおこなっているものである。

このように、ラウンドワンでは〈スポーツ〉志向ボウラーと〈レジャー〉志向ボウラーを明確に区別し、両者を取り込むようになってきたが、かつてのように両者が対立することは減ってきた。例えば「ムーンライトストライク」はその演出上、〈スポーツ〉志向専用レーンも含めた全レーンで照明を一斉に消す必要がある。かつては〈スポーツ〉志向ボウラーから、こうした演出に抗議があったが、現在ではチャレンジ成功後の景品をゲーム代の割引券などに変えるようにしたことで、〈スポーツ〉志向のボウラーらも一緒にこの演出を楽しんでいるという。また、メダルゲームは脳にいいなどの情報を伝えて、高齢者が多い〈スポーツ〉志向ボウラーたちに、ボウリング終了後にアミューズメントをプレーしてもらうこともある。

それでは、実際にそこでプレーしている客たちは、ラウンドワンでのボウリングをどのように楽しんでいるのだろうか。高校三年生のアライさんは「以前ここにきたときに、なんか暗くなって［「ムーンライトストライク」のこと：引用者注］……そういうのって普通スポーツにないじゃないですか。そういうアミューズメント的なところがボウリングは多いと思う」と、競技外の演出があることで、ラウンドワンでのボウリングは〈レジャー〉だと話す。

一方、〈スポーツ〉としてボウリングに取り組んでいるという客も多く見られた。高校三年生のイトウさんは「練習をするとうまくなるんですよ。その時点でスポーツですね。練習をしてうまくなるものはスポーツです」と、スポーツとは練習が必要なものであり、そしてボウリングは練習が必要であるため、ボウリングは〈スポーツ〉だと考えていた。また、同じく高校三年生のクワハラさんが「カーブとかの技もあるじゃないですか。それを〔ボウリング場に：引用者注〕通って、磨いていって、得点を争うと。これはもうスポーツですね」と言い、家族四人で来場していた四十歳代男性のカワムラさんは「体を動かしますし、いろんな投げ方、フックもあればスライスもあるし、ストレートもある。あと、どこから投げてもいいでしょうし、そういった頭のスポーツでもあると思います。パワーだけではストライクを取れませんので」と語るように、技術が必要とされるという点で、ボウリングは〈スポーツ〉だと認識していた。

同時に、〈スポーツ〉としてボウリングを楽しむ人であっても、ほかのボウリング場ではなく、あえてラウンドワンでボウリングをプレーする理由として、ほかのレジャーアイテムの存在が大きいようだった。カワムラさんは「ボウリング場のためだけにいくならどこでもいいんでしょうけど。本庄〔埼玉県内の市：引用者注〕にもありますし、ボウリング場だけだったら。ただ、子供たちもいますし、ほかのレジャーもあるので、やっぱりこういうでかいところにきたほうが、みんなで楽しめる」と語り、さらにカワムラさんの妻も「一日楽しめるもんね。ゲームセンターとかそういうのもできるし」と述べるように、レジャー設備と複合された施設だということが、ラウンドワンのボウリング施設が多くの人々を引き込む重要な要因だった。

3　ハイブリッドイメージのボウリング場——沖縄県の事例

第1節・第2節で、〈スポーツ〉イメージと〈レジャー〉イメージのボウリング場の実態について見てきた。本章の最後に、これらに当てはまらない第三の事例として、沖縄県のボウリング場についてまとめたい。(9) 以下で見るように、沖縄県のボウリング場は、〈スポーツ〉イメージと〈レジャー〉イメージのハイブリッドと呼ぶべきものになっている。この事例分析から、本土でのボウリングのあり方を相対化できるだろう。

沖縄県のボウリングは、アメリカのボウリング文化の影響を強く受けている。県内のすべてのアメリカ軍基地内には、アメリカ兵用の娯楽施設としてボウリング場が設置されている。そこでプレーしていたアメリカ兵たちが、基地の外のボウリング場でもプレーするようになり、人々の間にアメリカ式のボウリングが広まっていった。また、二〇〇一年のアメリカ同時多発テロ事件までは、比較的容易に日本人もアメリカ軍基地内のボウリング場でプレーをすることができ、現在でもアメリカ兵関係者のエスコートがあれば可能である。このように、アメリカ兵経由で、アメリカ式のボウリングが伝わった沖縄県では、本土とはまったく異なる形でボウリングが普及していった。その特徴は、飲酒とリーグ文化が密接に関わっている点に集約される。

すでに述べたように、特に本土での流行期のボウリング関連団体は、〈スポーツ〉としてのイメージを高めるために、アルコールの販売自粛を各ボウリング場に求めていた。近年ではその締め付けは緩んでいるが、それでもアマチュアやプロの大会を実施する際には販売は禁止されている。〈スポーツ〉イメージを獲得するための重要な手段の一つが、アルコールの販売禁止措置なのである。ところが沖縄県では、ほぼ例外なくすべてのボウリング場でアルコールが販売され、また多くの人々はアルコールを持ち込んで飲みながらプレーしている。それは、ＪＢＣの大会を主催するようなボウリング場でも例外ではない。

次に、本土での〈スポーツ〉イメージのボウリング場は、固定客を獲得するためにリーグを編成することが一般的になっているが、それでも依然としてオープンボウラーが客の大半を占めているのが現状である。一方、沖縄県のボウリング場では、基本的にリーグでプレーする人が圧倒的に多い。各ボウリング場では、ほぼ毎日、夜間にリーグがおこなわれている。例えば沖縄市のドラゴンボウルでは、平日は毎日夜間にリーグが実施され、それらは一週間に計二十本にも上るが、それほどまでに沖縄県では「リーグボウラー需要がすさまじい」（ドラゴンボウルのＴ氏）のである。リーグには個人戦とチーム戦があるが、チーム戦が主で、チーム内でユニフォームをそろえることも珍しくない。各チームは三人から五人で構成され、それぞれの合計得点で勝敗を決める。毎週一節ずつ試合をこなし、だいたい二十週ほどかけて総当たりで対戦するのが一般的である。こうしたリーグ編成は、ボウリング場側にとっては長期的な収入の見通しがつきやすく、経営を安定化させるために不可欠である。この点は、本土のボウリング場と変わらない。

また、沖縄県にはコマーシャルリーグや職域リーグなどと呼ばれるリーグもある。これは、チー

図35　沖縄県のボウリング場におけるリーグの風景（筆者撮影）

ム名に地域の企業名が冠されていて、そのチームには従業員が参加する場合や、例えばその飲食店の客が参加する場合もあり、後者の場合には客同士の交流の場という意味合いを含む。これらのリーグには、企業が参加費を負担したり、参加者への飲食物の差し入れをしたりすることもある。

　このように、沖縄県のボウリングはリーグが中心である。リーグ自体は本土にもあるが、その内実は本土とはまったく異なる。図35は、宜野湾市にあるギノワンボウルでのリーグの様子である。注目すべきは、カウンターに並べられた大量の飲食物である。地元のビールや泡盛、そして手作りのオードブルが並べられている。これらは場内で購入したものではなく、参加者たちが各自で持ち込んだものがほとんどである。参加者たちは競技開始三十分ほど前に集合する。持ち物は、ボールが入ったバッグに加え、ビール、泡盛、コーヒー、ウーロン茶、オードブルなどが入ったビニール袋、そして人によっては氷が入ったクーラーボックスなどである。競技が始まると、一フレーム投げるごとにカウンターに戻り、そこで飲食しながらチームメイトの投球を眺める。また、リーグ参加者の家族も帯同する場合が多く、それらの人々はカウンター備え付けの椅子に座って飲食をしながらほかの参加者やその家族と交流している。こうした光景は、県内のラウンドワンを除いたほぼすべてのボウリング場に共通のものである。

場内への飲食物の持ち込みは、禁止しているボウリング場と、そうでないボウリング場がある。第2章第3節でアメリカのボウリング場を紹介した際に述べたように、リーグは時間をかけておこなわれるため、設備の回転率が鈍化する。実際、沖縄県のリーグでは、三ゲームでの対戦を三、四時間程度かけてプレーすることが一般的である。アメリカのボウリング場では飲食物を販売し、その売り上げが設備の回転率鈍化分の減益を補っている。こうした理屈で考えれば、沖縄県の各ボウリング場でも飲食物持ち込みを禁じ、場内においてのみ販売することが当然と考えられるが、現実的にはそうなっていないボウリング場が多い。筆者の調査範囲内では、人口が少ない地域には飲食物持ち込みを禁じ、場内の設備で購入することを呼びかけるボウリング場が多かった。しかし人口密集地域では、持ち込みを認めているか、それを黙認しているボウリング場がほとんどだった。

こうした違いは、周辺地域にほかの娯楽があるかどうかによるところが大きい。この点について、浦添市にあるマチナトボウルのM氏は以下のように述べる。

前はですね、センターのなかで販売をしていたんです。で、お客さんに……まあ〔飲食物持ち込みを：引用者注〕やらないでって言われても、みんなやりますから。（略）そのへんは承諾しないと商売にならないですから。

（調査者：持ち込みを認めることが商売になる？）

みんな好きなものを作って……「一品持ち寄り会」のような感じですね。もしここでだめだったら持ち寄れるところに集まってくるっていう影響が出てきます。（略）自分たちのところにとどめておきたいっていうのはありますね。このへんは近隣〔のボウリング場：引用者注〕が多いですから。

人口が少なく、ほかの娯楽に乏しい地域では、飲食物持ち込みを禁止しても客はやってくるし、そこで飲食物を購入する。ところが人口が多く、またボウリング場が密集しているような地域では、一カ所が飲食物持ち込みを禁止しても、客がほかのボウリング場に流れるだけである。

また、南風原町にあるサザンヒルのS氏によれば、一九九〇年代後半には、県内全域にボウリング場への飲食物持ち込みを禁止する動きがあったという。この時期は、バブル経済の崩壊に伴って県民の可処分所得が減少した時期でもあった。その時期にボウリング場への飲食物持ち込みが禁じられると、人々はボウリング場でも居酒屋でもなく、費用があまりかからない各家庭での飲み会をおこなうようになり、その結果、ボウリング場のにぎわいはなくなってしまった。そこでサザンヒルは、九七年の開業当初から真っ先にこの持ち込み禁止措置を破るようになった。「お金をどうやって落としに出てきてもらうか。家飲みされるくらいだったら、家飲みをここでしてもらえたらと」（玉城氏）と言うように、何よりボウリング場にきてもらうことが重要であり、そこで飲食物の持ち込みがおこなわれてもいいと考えた。なお、サザンヒルには沖縄県ボウリング場協会の事務局が設置されている、県内でもっとも〈スポーツ〉イメージが強いボウリング場の一つである。結局、近隣のほかのボウリング場もそれに追従し、飲食物持ち込みが再度認められるようになった。

このように、沖縄県のボウリング場のうち、特に人口密集地域のボウリング場では、ボウリング場と参加者の間に、飲食物の持ち込みをめぐるある種の緊張関係が存在する。それを如実に表しているのが、ボールキャスターという、車輪が付いたバッグを利用する客の多さである。さくらボウルの事例で述べたように、本土のボウリング場では、固定客は貸ロッカーにボールを置いていくケースが多い。しかし沖縄県のボウリング場では、リーグ参加者の多くがボールキャスターを引いてボウリング場にやってくる。つまり、固定客であってもボールを貸ロッカーに置いていくのではなく、そのつど持ち帰っているのである。このことは、ある意味では、いつでもほかのボウリング場に移ることができるという姿勢の現れと見ることもできるだろう。それに対して、ボウリング場側は貸ロッカーを使って「一般客の足を止めさせ」（ドラゴンボウルのT氏）たいと考えている。ボウリング場側としては、貸ロッカーを利用してもらうことは収入が入ること以上に、そのボウラーがほかのボウリング場に流れていかないことを意味するのである。そのために、貸ロッカーを大量に設置している。

以上のように、飲食をおこないながらプレーするリーグは、沖縄県の人々にとっての重要なコミユニケーションの場となっている。サザンヒルのS氏は、同施設を「大きなコミュニティの場にしたい」と話す。実際、筆者は夜間のリーグ時間帯に同施設を訪れたが、大人たちが飲み食いをしながらボウリングをプレーする傍らで、参加者の子供とおぼしき小学生たちが、ゲームをしたり、ボウリングをするなどの交流を重ねていた。そのなかにはS氏の子供もいたので話を聞くと、彼らはボウリング自体に興味があるというよりも、友達同士の遊び場としてボウリング場にきているという。

沖縄県の人々にとってボウリング場が重要なコミュニケーションの場であることを示すほかの例として、ボウリング場が模合《もあい》で集まる場になっていることが挙げられる。模合とは、ほかの地方では無尽講《むじんこう》や頼母子講《たのもしこう》などと呼ばれる場合もある、数人の仲間同士での金銭の貸し借りのことである。具体的には、例えば十人で模合をおこなう場合、各人が毎月一万円ずつ持ち寄り、毎月一人が、全員の合計十万円を受け取ることができる。毎月異なる一人が十万円を受け取っていき、十カ月で一周することになる。こうした模合に参加する人々は、毎月少額の金銭を支払う代わりに、一度にまとまった金銭を得ることができるのである。これによって、自動車購入代金や子供の進学費用などにあてることができる。ただの金銭の貸し借りに見えるかもしれないが、例えば高額の金銭が必要になった際に高利貸しに頼らずにすむなど、沖縄県の人々にとっては生活を安定化させるための重要な仕組みである。

あるボウリング場のリーグに参加しているシンザトさんは、現在四つの模合に参加していて[10]、そのうちの一つがボウリングのリーグの仲間同士のものだという。また玉城氏も、プロとなって本土に転戦するようになる以前は、ボウリング関係の仲間と作る複数の模合に参加していた。ボウリング場は居酒屋と並んで模合に適した場所である。なぜなら、玉城氏が「友達が集まる場だからということです、ボウリングは関係なくね。（略）親密になれるっていう……そういうのもあるんじゃないですかね」と言うように、ボウリング場は親密感を生む、人々が集まりやすい場だからである。地域の青年会などがなくなりつつあるいま、模合という人々の生活に直結する重要な営みをおこなうための場として、ボウリング場が重要なのだ。

このように、地域の人々にとってボウリング場は重要なコミュニケーションの場だが、一方でボウリング場にとっても、経営上、地域社会のコミュニティとの関係性は重要である。自動車で十五分圏内に五軒のボウリング場が集まる沖縄市のドラゴンボウルは、競争環境が厳しい。そうした状況でＴ氏は、レーン上部の広告スペースの売り出しやＬＥＤ照明の導入、太陽光発電による売電といった経営努力に加えて、地元自治体や高齢者クラブといった地域のコミュニティへの営業を積極的におこなっている。例えば、地域の家族に営業をおこなって、家族を単位としたダブルス戦を定期的に開催しているほか、沖縄市老人クラブの大会を実施するなどしている。また、経営的に「何かあったらお願いする」関係を築くために、地域の人々や企業との付き合いを重視し、リーグの際にも支配人自ら飲酒して場を盛り上げるという、客との「壁は作るがぎりぎりまで詰めていく」という戦略を取っている。それによって、例えばリーグのチーム数が不足している場合に地域の人々が参加してくれるなど、地域社会との互助関係が成り立っている。

このように、沖縄県では飲食をおこないながらのリーグが主流である。それでは、こうしたスタイルでのボウリングは、はたして〈スポーツ〉なのだろうか、〈レジャー〉なのだろうか。
沖縄県のボウリング場には、入り口の目立つ場所に必ずその日のオイルパターンの図が張られている（図36）。すでに述べたように、オイルの塗り方は競技成績に直結する。そのため、リーグ参加者たちは競技前に入り口でオイルパターンを確認して、その日に使用するボールや投げ方を選択している。さらにドラゴンボウルは、アメリカプロボウラーズ協会公認オイルパターンの権利を購入し、競技としてボウリングをより楽しみたい人々の需要に応えようとしている。こうしたオイルコンディションへのこだわりという点を見ると、リーグ参加者は競技面での楽しみを重視していて、〈スポーツ〉としてボウリングに参加しているようにも見える。

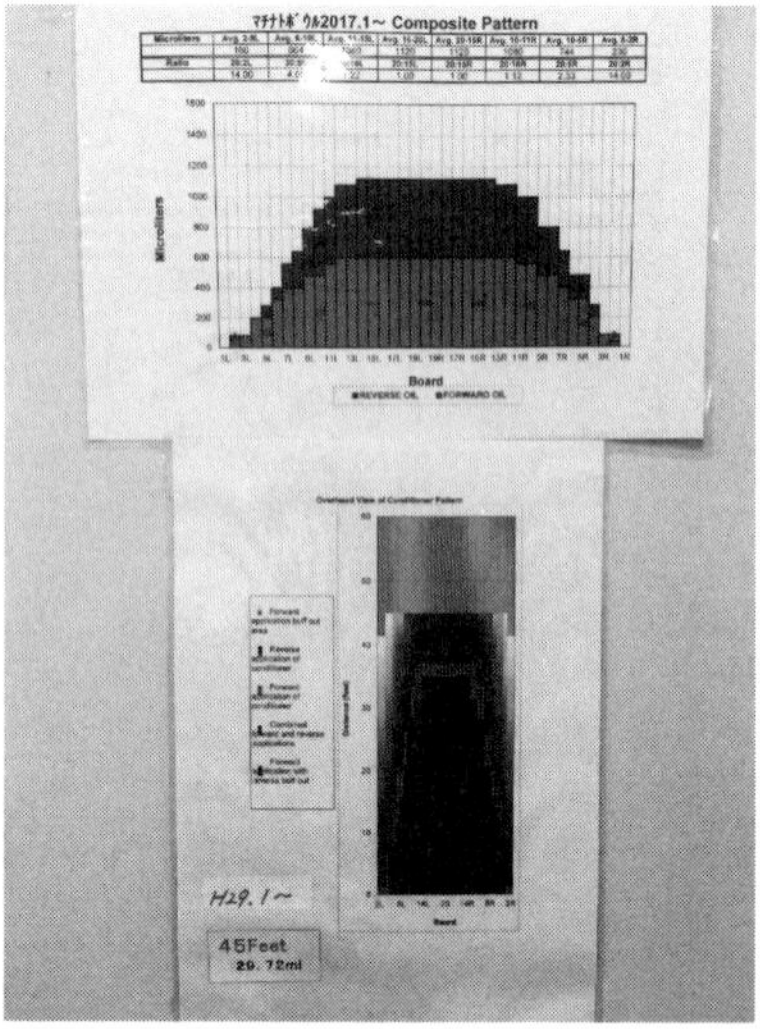

図36　その日のオイルパターンを示す図
（筆者撮影）

他方で、ここまで見てきたように、沖縄では飲酒をしながらのプレーが定着している。シンザトさんは、二十年ほどのボウリング歴で、パーフェクトも達成したことがある実力者である。彼は、数年前に競技力をより高めるためにＮＢＦに加盟し、現在では年に二、三回、本土での大会に参加している。このように、競技としてのボウリングに魅力を感じている彼も、飲酒しながらボウリングをおこなうことが何よりの楽しみだという。週三回参加しているリーグでも常に飲酒をおこない、運転代行を毎回頼んで帰宅する。飲酒を伴わない本土のリーグは「僕からすれば考えられない。向こうにいって、ビールが置いてない時点でありえない。どこでビールを買えばいいんだろうって探しちゃいますもんね」と、シンザトさんにとってリーグと飲酒は切っても切り離せないものである。

さらに、筆者のサザンヒルへの調査時に、リーグでパーフェクトを獲得しそうなボウラーがいた。それを見たS氏は、「飲みながらやるのが普通ですね。沖縄のボウリングでは、アルコールが入ってない状態で三百〔パーフェクト：引用者注〕出しても二流ですよ」と、冗談めかしながら評する。またそれに続けて玉城氏も、アルコールを飲まないプレーについて「まじめにボウリングしていても、みたいな感じですよね。黙々と投げるより、お酒を飲みながらワイワイ投げたほうが〔楽しいのではないか：引用者注〕と思います」と、S氏の意見に同調していた。

ただし、飲酒をおこないながらのボウリングは不健全だという考え方は、沖縄県のボウリング界にも一定程度あるようである。基本的にリーグでの飲酒は問題ないが、県民大会という全県的な大会では、飲酒しながらのボウリングは〈スポーツ〉らしくないという理由で自粛を促される場合があるという。また、場内への飲食物持ち込みは禁じているが、場内でのアルコール販売を認めているあるボウリング場の経営者は、本音ではボウリング場ではボウリングをし、飲み会は居酒屋でおこなってもらいたいという気持ちを持っている。とはいえ、飲酒文化が深く根づいている沖縄県では、ボウリング場での飲酒禁止措置は現実的に難しいという。

こうした飲酒に加えて、沖縄県のボウリング場では、〈レジャー〉としての楽しみを高めるため

図37　ボウリング場に並ぶメダルゲーム機（筆者撮影）

にコンピューターゲーム機を活用しているケースが多い。多くのボウリング場にはスロットゲーム機が設置されていて、それによって増えたメダルは現金に交換することはできないが、ゲーム代やプロショップでの用品購入、軽食の購入に利用することができる。[11] こうした行為は、本土の流行期における風営法問題の際に、ボウリングは〈レジャー〉だというイメージにつながるとしてNBCJが禁じたサービスで、その姿勢は現在でも変わらない。しかし、沖縄県では半ば公然とおこなわれているのである。このように、本土の〈スポーツ〉イメージを強調するボウリング場では「禁じ手」とされるような施策も、沖縄県では、〈スポーツ〉志向が強いボウリング場においてでさえ一般的におこなわれているのである。

　このように、ボウリングは〈スポーツ〉なのか〈レジャー〉なのかという問題は、沖縄県のボウリング界の根底にある重要な問題と言える。本書の定義では、飲酒やコンピューターゲーム機という競技外の楽しみに強く依存することは、〈レジャー〉としてボウリングをおこなうということである。しかし、リーグ参加者たちがオイルコンディションにこだわり、実際に競技レベルが非常に高いことを見れば、〈スポーツ〉として楽しんでいるとも受け取れる。結局、当事者たちの意識としては、この点は曖昧に処理されており、結果的に本土における流行期のボウリングのように、様々なニーズを持った多様な人々を取り込んで発展していると言えるだろう。

4　本章のまとめ――セルフイメージと実態をめぐる葛藤

本章では、趣を異にする三種のボウリング場の実態を記してきた。前章までに述べたように、流行期にはボウリングという種目そのものが〈スポーツ〉なのか〈レジャー〉なのかが曖昧だったが、その後は、各ボウリング場がそれぞれのイメージに沿って経営をおこなうようになっていった。〈スポーツ〉イメージのボウリング場の典型例として、気仙沼市にあるさくらボウルでは、震災によって地域コミュニティが破壊された社会環境のもとで、その〈スポーツ〉イメージを戦略的に利用していた。また、利用者も総じて〈スポーツ〉としてのボウリングに取り組んでいた。ただしこの〈スポーツ〉イメージの選択は、現時点での地域振興のもっとも有効な手段にすぎず、その意味で将来的に〈レジャー〉イメージに転向する可能性も十分に残されている。

ラウンドワンは〈レジャー〉イメージの典型的施設として発展し、実際に競技外の楽しみを高めるようなサービスを多く実施している。だが、そこでプレーする人々は多様であり、近年では〈スポーツ〉としてボウリングに取り組む人も多く存在することがわかった。

沖縄県のボウリング場は、〈スポーツ〉イメージと〈レジャー〉イメージをうまく使い分けながら、多くの顧客を取り込んでいるようだった。こうした特殊な発展は、アメリカ文化や飲酒文化といった沖縄社会独自の地域性に対応した結果である。

こうした様々なボウリング場の実態を見てみると、第4章までに論じてきた〈スポーツ〉イメージのボウリング場と、〈レジャー〉イメージのボウリング場への二分化という現象はおおむね妥当だったが、現場では矛盾も多く見られた。例えば〈スポーツ〉としてボウリングを売り出しているさくらボウルでも、将来的には競技外の要素にも力を入れる構想があったり、〈レジャー〉イメージのラウンドワンも次第に競技としてボウリングを楽しむ人々への対応策を増やしていたりと、各ボウリング場は売り出そうとするイメージに縛られすぎず、複数のイメージを併用しているようだった。さらに沖縄県の事例を見ると、〈スポーツ〉イメージを強調するボウリング場の支配人やプロボウラーであっても、飲酒という競技外の楽しみを重視していた。

本章で取り扱った事例が、日本中のボウリング場のあり方を十分に代表しているとは言えない。だが本章の事例を横断的に分析したときに導き出せる論点の一つは、こうした各ボウリング場におけるセルフイメージと実態との間での葛藤という問題である。この葛藤は、特にチェーン店ではない単独型のボウリング場の場合には、商圏である地域社会の特性との兼ね合いによってもたらされていた。例えばさくらボウルは地域貢献を本義としていて、〈スポーツ〉イメージでのボウリング振興はその手段にすぎない。またもう一つ例を挙げれば、沖縄県で〈スポーツ〉志向が強いボウリング場でも、飲食物の持ち込みを認めて飲酒を容認しなければならないほど、沖縄社会には飲酒文化が根強い。以上のように、単独型ボウリング場が存続していくことが難しい現在の状況では、各ボウリング場は、自己が掲げた理念と地域性の間で葛藤せざるをえないのである。一方の全国チェーンであるラウンドワンは、リスクを各店舗で分散した収益構造を有していたため、必ずしも地域特性に配慮する必要がない経営をおこなっていた。しかし、やはり多様な層を取り込むためには、〈スポーツ〉としてもボウリングを売り出す必要があった。

以上のように、多くのボウリング場では、様々な背景によってセルフイメージと実態との間で揺れざるをえないのだ。このことは、ボウリングという種目をより一層ミステリアスなものにしているといえるだろう。

注

(1) 本章では様々な人物の聞き取り調査の結果を活用する。その区別のために、一般のボウリング参加者は「タナカさん」のような片仮名で記し、ボウリング場スタッフは「Ａ氏」といったアルファベットで記す。なお、本人から実名での掲載許可を得たプロボウラー玉城氏については、本名で記載した。また、一般のボウリング参加者への調査は、対面式聞き取り調査というよりも、観察中にＩＣレコーダーによる録音の許可を得たうえで「立ち聞き」程度にならざるをえなかったものが多く、またその数が多数に上ることから、個別の調査の詳細は省略する。

(2) ラウンドワンでは、社員は複数のアイテムを担当するのではなく、ボウリング社員やアミューズメント社員といった名称で、固定のアイテムに従事する。ただし、まれにアイテム間を異動になる場合もある。

（3）ボウリング場スタッフに対する対面式聞き取り調査の詳細は以下のとおり。

さくらボウル支配人O氏：二〇一六年八月十六日（火）十七時―十九時、十七日（水）十二時―十三時、一七年二月二十日（月）十四時三十分―十八時、場所：さくらボウル

さくらボウル専務O氏：二〇一六年八月十七日（水）十時―十二時、場所：さくらボウル

ラウンドワンスタジアム入間店ボウリング社員T氏：二〇一七年三月二十八日（火）十六時―十七時、場所：ラウンドワンスタジアム入間店

名桜ボウル支配人K氏：二〇一七年二月二十七日（月）十五時四十五分―十六時十五分、場所：名桜ボウル

マチナトボウルスタッフM氏：二〇一七年二月二十七日（月）十九時二十五分―十九時四十分、場所：マチナトボウル

サザンヒル支配人S氏：二〇一七年二月二十七日（月）二十時―二十一時、場所：サザンヒル

ドラゴンボウル支配人T氏：二〇一七年二月二十八日（火）十五時二十分―十六時三十分、場所：ドラゴンボウル

（4）二〇一七年二月二十七日（月）十三時―十四時、場所：沖縄県恩納村の飲食店

（5）さくらボウルのロッカー代は非常に安価な設定であり、支配人O氏によれば、一般的には一台年間三千円から八千円程度の収入を得ることができる。

（6）スタッフに対して「いまからストライクを出す」と予告をしたうえで投球して、実際にストライクを出すことができれば、賞品が提供される。なお筆者の調査範囲内では、主に子供に対して、ストライクを出せなくともスタッフがサービスで賞品を提供している姿を観察することができた。

(7) ラウンドワン全店舗で実施される、ストライクの数だけを競う競技大会。なお、参加資格は三十歳以下の男女に限られる。
(8) T氏は〈スポーツ〉志向のボウラーを「マイボウラーさん」と呼び、〈レジャー〉志向のボウラーを「一般客」と呼ぶ。
(9) 本節の沖縄県のボウリングに関する概要については、プロボウラー玉城氏への聞き取り調査の結果を主に参考にした。
(10) シンザトさんは「月に四つ模合を持っている」と表現する。
(11) ただし、近年ではこうしたサービスに対する警察の取り締まりが厳しくなっている。

終章 〈スポーツ〉と〈レジャー〉の狭間で

本書では、ボウリングという「国民的スポーツ」がどのように日本中に広まっていったのかについて、特にボウリングという種目が持っていた〈スポーツ〉や〈レジャー〉というイメージに着目して考察してきた。第1章で述べたように、ボウリングが広まる過程には、大きく分けて二つの注目すべき点があった。第一は、一九六〇年代半ばから七〇年代初頭において、日本のスポーツ史上に残るほどの大々的な流行をなぜ引き起こすことができたのかという点だった。そして第二は、その流行が過ぎたあとにも、なぜしぶとく生き残り、再び多くの人々に受け入れられるようになったのかという点であった。

第2章、第3章では、流行期に着目して、第一の点について考察した。この時期に大規模な流行を引き起こすことができた要因は、大きく分けて社会的背景、ボウリング場の経営的特徴、そしてボウリングの特殊な性格の三点に集約される。社会的背景とは、当時の人々の余暇時間が増えると同時に余暇活動への投資額も増えたことでレジャーブームが起こったことと、従来の学校・公共・

職場スポーツ施設では当時の人々のスポーツ欲求に十分応えられなかったことである。また、当時のボウリング場は「施設産業」と呼ばれ、ボウリングに無関係な企業でもボウリング場事業に参入しやすかったという経営的特徴も、流行の発生に欠かせなかった。そして、金銭消費やファッション性による「見せびらかし」の性質をもったボウリングに参加することは、他者に対して優越感をもたらすものでもあった。これは、ほかのスポーツにはない大きな特徴だった。

第3章では、ボウリングが多様な人々に受け入れられていった具体的なプロセスについて、ボウリング関連団体に着目して説明した。流行期のボウリング場産業は、風営法問題をはじめとした様々な社会的障壁と対峙せざるをえなかった。そうした状況で、NBCJは「〈スポーツ〉化戦略」を用い、アウトサイダーは「〈レジャー〉化戦略」を用いた。さらにNBCJのなかでも、JBCは「純粋スポーツ」を志向し、日場協は「社会スポーツ」を志向していた。このように、当時のボウリングのイメージは様々な方向を向いて右往左往したが、その結果、多様なニーズを持った人々を顧客として引き込むことに成功したのである。

第4章では、流行終息後になぜ再び人気を取り戻すことができたのかという第二の点について考察した。まずボウリング場の経営については、過当競争が解消されて各ボウリング場の競争力が戻ったほか、コンピューター設備を用いて経営効率を高めると同時に、ボウリングの新しい楽しみ方を提示することが可能になった。そしてまた、郊外の発展とともに、そのロードサイドにボウリング場が建設されるケースが増えていった。これらのボウリング場は複合型のものが多く、ボウリングはレジャーの一アイテムとして位置づけられたため、競技外の楽しみを高めるような方策が取られていた。流行後に作られたボウリング場は〈レジャー〉イメージのものが多かったが、〈スポーツ〉イメージのボウリング場がなくなったわけではなく、同時期の関連団体はボウリングの〈スポーツ〉イメージを高めるよう活動していた。こうして、〈スポーツ〉イメージのボウリング場と、〈レジャー〉イメージのボウリング場が二分化し、前者では高齢者を中心とした層が、後者では若者やファミリーを中心とした層が、それぞれ中心的な顧客になった。このように、流行期以降のボウリングは、店舗ごとにイメージが二分化し、顧客のすみ分けが起こるようになったのである。

このような全体的な状況を踏まえ、第5章ではボウリング場における現状を見てきた。その結果、第4章で示したような二分化は確かに起こっていたが、現実的には特定のイメージだけに依拠する経営は難しいことがわかった。〈スポーツ〉イメージのボウリング場であっても競技外の楽しみを高めるような施策が必要とされており、また〈レジャー〉イメージのボウリング場であっても〈スポーツ〉としてのイメージを高めるような試みが多く実施されていた。さらに沖縄県の事例からは、そもそも飲酒しながらボウリングをすることは〈レジャー〉だ、リーグは〈スポーツ〉だという見方が必ずしも絶対的なものではなく、いわばハイブリッドなものとしてボウリングが存在していることがわかった。こうした各ボウリング場のセルフイメージと実態の間の葛藤は、独立型ボウリング場においては、その施設が周辺の地域の特性に合わせようとすることから生じるものだったと言える。だが〈レジャー〉イメージの複合型施設であるラウンドワンでも、やはり同様の葛藤は見られた。

ここまで見てきたように、日本におけるボウリングの最大の特徴は、その柔軟なイメージにあった。このように多様な「顔」を持っているという点は、ほかのスポーツにはない、ボウリングが持つもっとも重要な特徴であり、その魅力だとも言える。

なお、ボウリングの柔軟なイメージは、実は日本特有のものではない。アメリカではもともと、ボウリング場は酒場の付帯設備として普及し、そこには暗くいかがわしいイメージが付与されていた。そこでの中心的顧客は、成人男性であった。しかし一九五〇年代頃から「家族の一体感」をもたらすようなマーケティングの手法が導入され、ボウリングは派手で人目を引くものに生まれ変わり、ファミリー層を取り込むようになった。[1] アメリカのボウリングも、日本と同様にイメージの変容を経ているのである。

そして近年のアメリカでは、日本同様、ボウリング場単位でのイメージの二分化が起こっている。*The New York Times* の二〇〇七年十月十九日の紙面に"Bowling the Sport vs. Bowling With Beer"[2] という記事が掲載された。この記事は、従来のアメリカにおけるボウリング場とは異なり、日本でいう日場協のような協会に公認されない「クラブ」や「ブティック」と呼ばれるボウリング場が近年注目されてきていることを伝えている。これらのボウリング場は、「ボウリングが付帯した酒場」という性格のものである。そしてこれらは、ボウリングのスポーツの側面ではなく、エンターテインメントの側面を強調することで、ボウリングをしたことがない人たちを引き込むのに役立つものとされている。このように、本場のアメリカでも、ボウリングは〈スポーツ〉なのか〈レジャー〉なのかという論争はあり、またアルコールはボウリングと切っても切れない要素の一つなのだ。

最後に、ボウリングの今後について述べよう。近年、民間スポーツ施設全体の数は減少しつつあるが、特にボウリング場の減少速度は群を抜いている。二〇〇六年の時点では全国に千十五のボウリング場があったが、それが十年間で七百八十四まで、実に約二三％も減少したのだ[(3)]。その理由は、流行期に建てたボウリング場が築四十年から築五十年を迎え、改築・リノベーションをおこなうのではなく閉鎖を選択するケースが多いからである。また古いボウリング場は新しい耐震基準を満たせず、閉鎖せざるをえない場合も多い。さらに全国のボウリング場の売り上げは、〇五年に約三百億円だったものが、一五年には約百九十二億円にまで減少している[(4)]。このように、現在のボウリング業界は苦境に立たされている。

だが、ボウリング業界にとって暗い話題ばかりではなく、「追い風」とも言える社会状況も生まれつつある。二〇一七年三月、文部科学省は第二期スポーツ基本計画の中間報告案をまとめた[(5)]。そこでは様々な目標が掲げられているが、そのなかの一つに、成人の週一回以上のスポーツ実施率を現状の四二・五％から六五％程度に高めることが挙げられている。そして具体的な方策の一つとして、ビジネスパーソン、女性、障害者や、これまでスポーツに関わってこなかった人々が気軽にスポーツに親しめるような環境を作ると述べられている。スポーツに積極的に参加してこなかった層を掘り起こすことでボウリングが広まっていったことは、本書で見てきたとおりである。冒頭で述べたように、ボウリングは、「頻繁に参加する人はそこまで多くないにもかかわらず、多くの人が年に数回程度は参加している」という、ほかのスポーツにはない特徴を持っている。スポーツに親しんでこなかった人々にとって、新しいスポーツを始めるというハードルはとても高い。だがボウリングは、多くの人々がそうしたハードルをすでに乗り越えている、稀有な種目なのだ。スポーツに関する現在の政策的潮流は、ボウリングのような参加へのハードルが低いスポーツの方向を向いている。こうした流れにうまく乗ることができれば、ボウリング業界が再び上向くことは決して不可能ではない。

それでは、今後のボウリング業界が盛り上がるために、どのような方法が考えられるか。本書で分析してきた現在のボウリングの状況を踏まえて、三点述べたい。

第一に、ボウリングの競技としての楽しみを伸ばす方向性である。具体的には、フックをかけた投げ方をより広く認知させることだ。ほかのスポーツ種目と比べた際のボウリングの競技的特性の一つは、手軽にヒーローやヒロインになれることである。サッカーの得点や野球のホームランはそう簡単に達成できるものではないが、ボウリングはストライクやスペアを出すチャンスが数多くめぐってくる。そしてピンを多く倒すためには、ボールをまっすぐ投げるよりも、フックをかけて投げるほうが有効である。だが、この投げ方は難しく、オープンボウラーの多くはストレートを投げることしかできない。この点に、競技特性としての単調さがある。フックはその人の特性に合わせたマイボールを用いなければ難しいとされているが、実は投球の方法を工夫すれば、練習次第でフックをかけることは可能である。

フックをかける方法にも様々あるが、第5章第1節で紹介したアワキさんが取り組んでいるアメリカンスタイルという投球フォームは、両手でボールを抱えてフックをかけるというものである。また、片手投げであっても、あるコツを使えば比較的簡単にフックをかけることができる。さらに言えば、フックをかけやすいボールを今後開発することも考えられるかもしれない。ボウリングは手軽にできるために技術的向上の余地が少ないと一般的に考えられがちだが、ボウリングの世界は日々進歩している。そうした技術的進歩の成果を知ってもらうことができれば、〈スポーツ〉としてのボウリングの魅力が広く伝わる可能性はある。

より具体的には、各ボウリング場でフックをかける投球フォームの講習を開催するようなサービスが考えられる。その際重要なことは、講習の日時をボウリング場側で決めるのではなく、受講希望者の都合に合わせることである。オープンボウラーは予定を決めて来場するわけではないので、受付で講習の受講希望を聞き、それに合わせて柔軟に講習をアレンジする必要がある。多くのボウリング場には専属のプロや指導者資格を持ったスタッフがいるので、事務作業などの都合を工面できれば不可能ではない。また、講習後にフックをかけられるようになった利用者に対して、その投球の様子を動画で撮影するサービスを実施すれば、利用者はソーシャルネットワーキングサービスなどを利用して友人や家族にその動画を拡散するかもしれない。そうすれば、ボウリング場の認知度も高まるだろう。

第二の方策としては、競技の外の楽しみを伸ばす方向性として、その社交機能を重点化することである。特に、身体運動と飲食を伴いながらコミュニケーションが取れる場という特徴は、ほかのスポーツやレジャーにはあまりないものである。こうした特徴を生かすとすれば、人々がコミュニケーションを取る場、例えば公民館やカフェ、居酒屋などの代わりに、ボウリング場を利用してもらうために何ができるかという発想が必要になる。ボウリング業界の「敵」は、ウォーキングやフィットネスのようなスポーツ活動でも、パチンコや映画のようなレジャー活動でもない。一人で実行可能な活動ではなく、複数人でコミュニケーションを取ることができる、しかも身体を動かしながらそれができるという価値を強調していく必要があるだろう。

そのように見ていくとき、第5章第3節で見てきた沖縄県のボウリング場のあり方は重要なヒントになる。沖縄社会には飲酒文化が根づいているという特殊性があるため、本土でもあれほど盛大にアルコールを飲みながらボウリングをするという行動様式が定着するかは不明である。しかし、地域社会に訴えかけ、コミュニティ単位でチームを組んだリーグをおこない、その場で飲食をおこないながらプレーをするという方式は、本土のボウリング場でも採用可能だろう。またその際には、それぞれのボウリング場が立地している地域社会の特性に配慮することも不可欠である。例えば、高齢者が多い地域では健康面に特化した施策を採用したり、労働者が多い都市部では職場単位で人々を動員したりするなどの工夫が必要だろう。こうした各地域のコミュニケーションの拠点として、地域の実情に即した形でボウリング場を位置づけ直すことができれば、より持続性が高い施設になるだろう。

そして第三の方策として、ボウリング場をオープンスペース化することを挙げたい。すでに述べたように、一般的に新たなスポーツ種目を始めることは非常にハードルが高いが、多くの人々にとってボウリングはそうした障壁をすでに乗り越えた種目であり、親しみやすく、気軽に足を運びやすい。さらに、近年では確かにその数が大幅に減少したとはいえ、依然としてボウリング場は全国各地に存在する。しかも、多くのスポーツ施設では入り口に受付が配置されているが、ボウリング場の多くは受付を経ずとも立ち入れる構造になっている。スポーツに親しんでいない人にとって、受付でのやりとりは意外とわずらわしく、また緊張するものである。だが、多くのボウリング場にはそうした敷居の高さはないため、気軽に入場できる。

こうした特性を活かし、例えば場内に無料の無線ＬＡＮを設置して自由に利用してもらう、地域の広報用の掲示板を設置する、広い歓談スペースを設置するなど、オープンスペース的な役割を持たせれば、そこを訪れた人々がボウリングを認知し、自らプレーする可能性が生まれる。しかもボウリング場は冷暖房完備で、非常に快適な空間でもある。現在でも、公共体育館のオープンスペースで、人々が友人と談笑したり、ゲームをおこなったりする光景は多く見られる。こうした人々をボウリング場に取り込むのだ。アメリカのボウリングはもともと酒場の付帯設備から始まっていて、いわば「集客装置」だったという歴史的事実に目を向けることは、発想を転換するために重要だろう。もちろん、あまりに野放図に人々を受け入れすぎてしまっては様々な問題が生じるため、ある程度の制限は必要だろうが、ボウリングという種目の親しみやすさを考えれば、現在よりもより開放的な発想を持つ必要があると考えられる。

以上三点の提案は、いずれもボウリングという種目が〈スポーツ〉の「顔」も、〈レジャー〉の「顔」も持っているという特性をベースにしたものである。総じて言えることは、ボウリングという種目がほかのスポーツ種目やレジャー種目とどこがどのように異なるのか、強みはどこにあり、弱みはどこにあるのかをしっかりと把握したうえで、今後のあり方を模索していくべきということだ。

注

（1）Andrew Hurley, *Diners, Bowling Alleys, and Trailer Parks: Chasing the American Dream in Postwar Consumer Culture*, Basic Books, 2001.

（2）"Bowling the Sport vs. Bowling With Beer," *The New York Times*, Oct. 19, 2007. (https://cityroom.blogs.nytimes.com/2007/10/19/bowling-the-sport-vs-bowling-with-beer/?_r=1)［二〇一七年七月三十一日アクセス］

（3）前掲「年別全国センター数・レーン数の推移」

（4）前掲「特定サービス産業動態統計調査」

（5）スポーツ審議会「第二期スポーツ基本計画について（答申）」(http://www.mext.go.jp/prev_sports/comp/b_menu/shingi/toushin/__icsFiles/afieldfile/2017/03/01/1382789_003_1.pdf)［二〇一七年七月三十一日アクセス］

あとがき

本書は、筆者が大学院生時代から取り組んできたボウリングブームに関する研究の集大成であり、また自身初の単著である。第2章と第3章は、一橋大学大学院社会学研究科に提出し、博士（社会学）の学位を受けた論文「日本におけるスポーツ施設産業の展開に関する社会学的研究――一九六〇年代半ばから七〇年代初頭におけるボウリング場産業に着目して」を大幅に加筆・修正したもので、第4章と第5章は書き下ろしである。なお第5章については、平成二十八年度東京女子体育大学奨励個人研究費による研究成果の一部である。

本書の執筆にあたり、実に多くの方にご指導・ご協力をいただいた。まず、一橋大学大学院時代に「ボウリングブーム現象」という研究テーマを与えてくださり、また様々な形でご指導をいただいた、内海和雄先生、尾崎正峰先生、坂上康博先生、坂なつこ先生、岡本純也先生に感謝を申し上げたい。特に坂上先生には、私が博士論文をどのような形で出版するかについて悩んでいる際、青弓社を快くご紹介いただいた。また、坂上先生のご紹介があったものの、野のものとも山のものともつかない私に対して誠実にご対応をいただき、また執筆にあたり様々なアドバイスをくださった青弓社の矢野未知生さんにも感謝を申し上げたい。私は、大学生時代、「青弓社ライブラリー」シリーズを読むなかで学術研究に興味を持った人間である。まさかその自分が、「青弓社ライブラリー」の一冊として単著を出版する日がくるとは思ってもいなかった。

そして、本書の執筆に際して聞き取り調査などでご協力をいただいたボウリング関係者のみなさんには、とりわけ深く感謝を申し上げなければならない。特に、ボウリングの現状についての調査は、すべては宮城県フットサル選抜以来の友人である伊藤正喜さんにさくらボウルを紹介していただいたことから始まった。さくらボウル専務のO氏（偶然にも学生時代のフットサルのライバルチームの一員であった）と支配人O氏は、ボウリングの現場について無知な私に対して、気仙沼市の状況や自動式ピンセッターの裏側、ボールの穴の開け方など、実に様々なことを教えてくださり、また支配人O氏はかつての職場である沖縄県のボウリング関係者の方々をご紹介くださった。そして、そのなかでご紹介いただいたプロボウラー玉城妙子氏には、文字どおり朝から晩まで、沖縄県中のボウリング場に連れていっていただいたほか、アメリカ軍基地内のボウリング場の様子やプロボウラーとしての生活など、なかなか知りえない情報を惜しげもなく教えていただいた。また、同じく支配人O氏にご紹介いただいたドラゴンボウルのT氏にも、非常に気さくに経営的事情などについて深く教えていただいた。ラウンドワンスタジアム入間店のT氏にも、貴重な時間を割いていただき話をうかがうことができた。さらに、日場協のS氏とO氏、またJBCのA氏にも、大変貴重なお話を教えていただいた。

私は学生時代、フットサルに精力的に取り組んできた人間である。率直に言って、私は研究対象としてのボウリングには興味を持っていたものの、ボウリングという種目そのものの魅力については特段高い関心を持っていなかった。だが、様々なボウリング関係者にお世話になるなかで、ボウリング関係者同士の絆の深さを実感する機会を多く得ることができ、そこに関わる人々も含めたボウリング業界全体の魅力を発見することができた。次は、私が本書を通じてボウリング業界に何らかの形で恩を返すことができればと思っている。

また、本書の執筆に際して直接的にではないにせよ、様々な形でご指導いただいた研究者仲間のみなさんにも感謝を申し上げたい。ここですべての人の名前を挙げることはできないが、修士時代から本テーマについて多くの示唆を与えてくださり、また本書執筆でもいくつもの重要なご指摘をくださった金子史弥さん、単著執筆について悩んでいる際にアドバイスをくださった中澤篤史さん、そして本書の校正などを手伝ってくださった青野桃子さんの三人の名前だけを挙げる。ここで名前を挙げられなかった方々、例えば予備校時代や学部時代から縁がある他分野の研究者のみなさんや、前職時代と現在の職場の同僚、現在参加している様々な研究会の仲間などにも、深く感謝を申し上げる。

最後になったが、大学院生時代から様々な形で支援をしてくれた両親および兄、そして現在の生活を支えてくれる妻と息子に、本書を捧げたい。

[著者略歴]
笹生心太（ささお しんた）
1981年、埼玉県生まれ
東京女子体育大学講師。博士（社会学）
専攻はスポーツ社会学、余暇社会学
論文に「高度経済成長期における労働者間のスポーツ参加格差に関する一考察——職場スポーツ施設整備とスポーツ参加率に着目して」（「スポーツ社会学研究」第21巻第2号）、「ボウリング場産業のブルー・オーシャン戦略に関する研究」（「スポーツ産業学研究」第19巻第1号）など

青弓社ライブラリー91

ボウリングの社会学《しゃかいがく》　〈スポーツ〉と〈レジャー〉の狭間で

発行———2017年12月30日　第1刷
定価———1600円＋税
著者———笹生心太
発行者——矢野恵二
発行所——株式会社青弓社
〒101-0061 東京都千代田区三崎町3-3-4
電話 03-3265-8548（代）
http://www.seikyusha.co.jp
印刷所——三松堂
製本所——三松堂

ISBN978-4-7872-3428-5 C0336